AF449687

e-saggi

Paolo Barnard

La storia dell'economia (che ti dà da mangiare) spiegata a Lollo del mio bar

LA STORIA DELL'ECONOMIA (CHE TI DÀ DA MANGIARE)
SPIEGATA A LOLLO DEL MIO BAR
di Paolo Rossi Barnard
(2011)
Edizione 2015 a cura di MABED Edizioni Digitali

ISBN: 978-88-98891-12-2

www.mabed.it

info@mabed.it

Puoi trovare questo libro in edizione digitale eBook in tutti gli store online

Indice

PAOLO BARNARD (A SINISTRA) INSIEME A LOLLO

L'Autore

Ecco come Paolo Barnard si presenta:

«Sono un giornalista, o forse lo sono stato, e come tale ho lavorato per innumerevoli testate nazionali fra quotidiani e periodici, come La Stampa, Il Manifesto, Il Corriere della Sera, Il Mattino, Il Secolo di Genova, La Repubblica, La Voce di Montanelli, Il Sabato, Chorus, Oggi, Avvenimenti e altri. Per la televisione in RAI con Samarcanda di Santoro durante la Guerra del Golfo (1991) e con Report per dieci anni, avendolo co-fondato (1994-2004). Per riviste di cultura come Micromega, Altrove, Golem del Sole 24 Ore, e per agenzie di stampa e testate online. Mi sono occupato soprattutto di politica estera. Mai assunto, mai contrattualizzato. Ho scritto libri su terrorismo internazionale, Palestina e Israele, e sull'umanizzazione della Medicina. Ho tenuto conferenze per anni in giro per l'Italia sui temi delle mie inchieste (quelle di Report, RAI) e sul mio impegno come attivista per un 'mondo migliore'. Nella mia vita ho fatto forse più volontariato che giornalismo, in campi diversi come i Diritti Umani, l'esclusione sociale, la lotta alla povertà nel mondo, l'aiuto agli ammalati terminali, l'impegno civico. Ho vissuto in Gran Bretagna e in parte negli USA.

Mai iscritto a un partito, mai appartenuto a gruppi d'interesse legati al potere, mai raccomandato ovviamente; non ho mai compiaciuto a chi stava sopra di me sul lavoro, e per essere libero ho sempre fatto tutto quello che in questo Paese ti garantisce la non-carriera. Infatti non ho fatto carriera, non all'interno del Sistema né nelle nutrite fila dell'Antisistema (che richiede la medesima omologazione). Ho un attaccamento fortissimo al senso di giustizia, non sto zitto e dico ciò che penso sempre, a qualunque costo. Ho pagato e pago per questo prezzi alti, talvolta al limite del sopportabile. Ad esempio, dopo la mia rottura con RAI e Gabanelli per la vicenda di Censura Legale (leggi nel sito), mi sono auto-sospeso dalla RAI e ho rifiutato due diverse proposte di lavoro in quell'Azienda (da Giovanni Minoli e da Carlo Vulpio), perché prima di tornarvi io pretendo da RAI e Gabanelli le scuse, e soprattutto un impegno aziendale a difendere tutti i giornalisti freelance, che vi lavorano, nella cause civili derivanti dalle loro inchieste. Tradotto: sto senza lavoro e ai margini della notorietà per questo principio.

Detesto in modo assoluto la cultura dei 'personaggi', la cosiddetta Cultura della Visibilità (leggi Vip), sia quella massmediatica propria del Sistema che quella 'antagonista' del nostro Antisistema. La considero il peggior veleno che sia mai stato inoculato nel tessuto civico italiano, e in generale dei Paesi occidentali. Ci ha distrutti, pochissimi si rendono conto fino a che punto. Credo fortemente nella parità di tutti, nell'importanza di ciascuno a prescindere, nessuno conta più di qualcun altro. Mai.

Per le mie idee e per ciò che ho fatto sto molto antipatico al Sistema e ancor di più all'Antisistema. Una condizione piuttosto insolita, e ora non so da che parte girarmi».

A tutto questo va aggiunto che Paolo Barnard è stato quel cittadino ad aver introdotto in Italia la scuola economica della Modern Money Theory (MMT) - Teoria della Moneta Moderna, nel 2011 con la pubblicazione sul proprio sito web de *Il più grande crimine* (proposto in edizione cartacea e digitale eBook da Mabed). Il successo di questo saggio ha permesso a Barnard di organizzare due tra i più grandi convegni di economia della storia d'Italia svoltisi a febbraio 2012 a Rimini e a ottobre 2012 a Rimini e Cagliari.

Paolo Barnard è uno degli estensori del *Programma Me-Mmt di salvezza economica per il Paese* scritto insieme agli economisti Warren Mosler, Mathew Forstater e Alain Parguez. Il programma è scaricabile gratuitamente all'indirizzo www.memmt.info.

Nota dell'editore

Paolo Barnard, che resta proprietario dell'opera, ha esplicitamente rinunciato alla riscossione dei diritti d'autore derivanti dalla vendita del presente eBook. La versione online de *La Storia dell'economia (che ti dà da mangiare) spiegata a Lollo del mio bar* può anche essere consultata sul sito web di Paolo Barnard. Un'edizione cartacea del saggio è stata pubblicata da Edizioni Andromeda.

Lollo, capire chi sono gli uomini che hanno pensato l'economia del mondo ti permette di capire perché oggi hai un calo di fatturato, di reddito, devi licenziare, e soprattutto ti permette di agire per salvarti il sedere. Se no rimani un cittadino coglione che tutti possono prendere per il deretano. Ok Lollo? Dai, mettitici d'impegno.

Adam Smith

Tieni conto che fino alla fine del '700 l'economia era semplice. Il Re, i nobili, duchi, Papi ecc. avevano tutto, il resto aveva niente. Poi intervenne un cambiamento straordinario: la tecnologia. Successe che grazie ai nuovi mezzi meccanici, nuove navi, nuove conoscenze ecc., crebbe fra le masse dei sottomessi una borghesia, cioè gente senza potere politico ma che stava facendo soldi con i commerci. I Re, nobili, duchi, Papi e tutta sta classe di parassiti cosa fecero? La solita cosa: li fecero lavorare senza troppi disturbi ma li tassavano, proprio dei parassiti. Però li spremevano troppo, così sti borghesi s'incavolarono parecchio, perché veramente la situazione era intollerabile. (Fra l'altro è così che è scoppiata la rivoluzione francese).

Ed è qui che spunta il primo economista cosiddetto moderno, cioè **Adam Smith**, che poi non era veramente un economista, ma più che altro un filosofo morale, autore del celebre The Wealth of Nations. Siamo a fine '700. Ma Lollo occhio a una cosa. Sappi che di questo Smith, un inglese, oggi si dicono un'immensa barca di palle, perché certi economisti attuali l'hanno preso a modello per una teoria del tutto diversa da quella del vero Adam Smith. Ok.

Smith cosa disse? Questo: il governo deve togliersi dall'economia, deve lasciare in pace gli imprenditori e i cittadini, cioè il Mercato. MA ATTENTO Lollo, perché è qui che c'è la confusione con l'economia di oggi. Smith voleva **solo** dire che siccome il 'governo' di allora, cioè i luridi parassiti Re, nobili, duchi, Papi ecc., era una cosa talmente abominevole, era meglio che si levassero di torno, e che i borghesi del Mercato erano preferibili. Smith quando parlava di governo che si doveva togliere dalle balle intendeva quindi quei bastardi che avevano regnato da tiranni per 5000 anni di fila, NON INTENDEVA il governo democratico di oggi. Ma sti economisti attuali che si chiamano Neoliberisti (te li spiego in un'altra puntata) hanno spacciato a tutti che Smith odiava i governi come i nostri, li voleva senza potere, e amava il Libero Mercato, capisci? Una balla. Per Smith il capitalismo del Libero Mercato era accettabile **solo** perché era un male minore rispetto ai tiranni totali. Ok?

Adam Smith infatti non ammirava affatto il capitalismo del Libero Mercato, e infatti una delle sue citazioni più famose è questa: "È raro che i capitalisti si riuniscano se non per cospirare contro i lavoratori e il Mercato". Immagina. Oggi, inoltre, ti continuano a sdoganare che Smith teorizzò che il Libero Mercato possedeva una "Mano Invisibile" che lo guidava, e da questo traggono la conclusione che se si lascia tutto – economia, ospedali, servizi, scuole, pensioni, banche ecc. – in mano al Mercato, esso guiderà tutto infallibilmente con la sua "Mano Invisibile" di Smith. Altra balla. Adam Smith era un filosofo morale, e con tutta probabilità si riferiva a qualcosa di molto meno terreno del Mercato, forse a Dio, nessuno lo sa con certezza. Di certo non disse mai di lasciare tutto nelle mani del Libero Mercato. Anzi.

Perché è importante 'sto tizio? Bé, per due motivi. Primo perché fu il primo a concepire un'economia fatta dalla gente e non solo basata sulla rapina dei Tiranni; secondo perché fu il primo a capire che i capitalisti borghesi non sono affidabili senza un controllo su di loro. E, paradossalmente, questo significa che è invece proprio necessario avere nelle società uno Stato moderno forte e vigile che controlli i capitalisti, anche se Smith non lo disse mai, semplicemente perché alla sua epoca ancora non era nata la democrazia.

Ok Lollo, prossima puntata Thomas Malthus. Ora vai di Ribolla, ma col bicchiere caldo per favore. Li hai quei peperoncini meravigliosi?

Thomas Malthus

Ok, adesso Thomas Robert Malthus. Lollo, sto qui era un vero bastardo, ma di quelli… Però senti, non ti spazientire, lo so che non capisci che diavolo c'entrano 'sti babbioni di 200 anni fa con la tua vita in Italia adesso, ma ti garantisco che c'entrano eccome, c'entrano proprio col tuo fatturato di oggi, fidati, lo capirai fra qualche puntata. Il fatto è che le loro idee sono proprio quelle che oggi hanno fottuto l'economia in cui tu vivi **e vanno capite**, se no ciccio tu, come tutti, brancoli nel buio e non ne esci, capito? Ok.

Sto Malthus visse sempre in Inghilterra fra il 1776 e il 1834, era un baciapile dei Re, baroni, lords, e sanguisughe del genere, era bastardo dentro perché pensava che la soluzione per la povertà di milioni di disgraziati fosse di accorciargli la vita privandoli di sanità e cibo, così non avrebbero fatto troppi figli e avrebbero… sofferto di meno. *Puttanaeva* che soluzione, eh?

Ma lui è importante perché fu il primo economista a capire che se non si creano le condizioni che permettano ai consumatori di avere soldi per comprare la roba, crolla l'economia. Cioè oggi diremmo che crolla la 'domanda'. In economia la 'domanda' significa la richiesta da parte del pubblico di roba da comprare, che avviene appunto se ci sono soldi da spendere. Più precisamente si parla di 'domanda aggregata', cioè l'insieme delle richieste di acquisti di beni e servizi da parte di tutti i cittadini e delle aziende del Paese. Ovvio che se questa 'domanda aggregata' cala, o crolla come oggi nell'Eurozona, perché non ci sono soldi da spendere, crollano anche le vendite, e se crollano le vendite crollano le aziende, e se crollano le aziende i manager licenziano o mettono in cassa integrazione, e se tutto questo accade crolla l'economia del Paese. Ok? Quindi in una nazione sana ci deve sempre essere una buona 'domanda aggregata' (non necessariamente solo di cellulari e profumi, anche di servizi umani e ambientali), ma perché ci sia occorre che tutti abbiano un lavoro e un buono stipendio, esattamente il contrario di quanto succede oggi in Eurozona, e soprattutto qui da noi. Ok, torniamo a Malthus.

Capì appunto che ci devono essere prima i redditi, poi verranno le vendite. Capì che se la borghesia industriale produceva tutta quella roba nuova, ci doveva essere qualcuno che la comprava in quanto possessore di reddito, cioè ci doveva essere 'domanda', se no l'economia sarebbe fallita. Questo, come detto sopra, è teoricamente ineccepibile, ma la soluzione del bastardo non fu di pensare a come permettere redditi per il popolo, nooo! La sua soluzione fu questa: va creata ancor più classe di nobili parassiti con redditi parassiti, così i borghesi gli venderanno tutto quello che producono e faranno profitto. Fantastico, eh? Comunque l'intuizione era giusta: prima ci vogliono i redditi (la 'domanda'), poi si vende la roba.

Malthus indovinò per primo anche un altro concetto chiave. Oggi un sacco di questi economisti alla Monti o Boldrin o Draghi sono ancora convinti che basta stimolare la produzione di beni e servizi che automaticamente ci sarà gente che li compra. Una cavolata immane, perché uno può riempire i supermarket di roba ma se non dai stipendi sufficienti alle famiglie nessuno ti compra un accidenti. Ma credimi Lollo, st'idea gli si è conficcata nella testa fin dai tempi del presidente americano Reagan, e sti tordi ci credono veramente. Bé, Malthus già a inizio '800 comprese che era una cazzata, e infatti disse che stimolare di per sé i borghesi di allora ad aprire fabbriche o a commerciare con le Indie, quindi a produrre cose, non avrebbe mai creato sufficienti acquirenti per tutte quelle merci. La soluzione che indicò è quella sopra, ok, una porcata, ma almeno lui capì che senza prima creare redditi non si può pretendere che l'economia funzioni.

Ora guarda Lollo che questo è super pertinente oggi. Per almeno due motivi:

A. basta leggere le statistiche dell'Istat e ci si accorge che i tecnocrati alla Monti, Merkel e Draghi stanno proprio applicando la soluzione 'Malthus' all'economia, cioè oggi i dati ci dicono che l'1% dei parassiti europei 'neofeudali' sta diventando sempre più ricco, come voleva il caro Robert, mentre tutti noi ci perdiamo da bestia.

B. ricorda cosa dice il coro dei tecnocrati che ci ha infinocchiati tutti, anche i sindacati. Dice "calare gli stipendi, togliere la sicurezza del lavoro, impedire allo Stato di aiutare i redditi", cioè precisamente l'opposto della prima intuizione di Malthus, precisamente la ricetta per uccidere la 'domanda aggregata', che è esattamente quello che le Austerità della Merkel stanno ottenendo qui da noi (e non solo) con risultati disastrosi per tutta l'economia di cittadini e aziende del nostro Bel Paese.

Quindi, riassumendo, se conosciamo il signor Thomas Robert Malthus capiamo due fenomeni chiave e **devastati** dell'Europa di oggi. Uno che concorda con le idee di Malthus (punto A), e uno che invece gli va contro (punto B).

Ok, dai, fammi un Amerikano, che stasera qui c'è il deserto… la 'domanda aggregata' Lollo!!

David Ricardo

Lollo, hai presente che da più di un anno in Italia si parla del 'pareggio di bilancio'? Ce lo impone l'Europa severa, quelli seri del Nord, ok? Ci hanno detto che se lo Stato spende per noi cittadini e aziende 100 soldi, ma poi ci tassa 100 soldi, cioè pareggia i suoi bilanci, tutta l'Italia rinascerà come nuova! Cazzate, perché devono spiegarci come la gente può campare ricevendo 100 soldi e poi ridandoli indietro tutti in tasse. Funzionerebbe se i cittadini e le aziende potessero poi crearsi dell'altro denaro nell'orto. Ma nessuno di noi può perché solo lo Stato lo emette, quindi il pareggio di bilancio, ricordati Lollo, risana solo un numerino sui computer del Ministero del Tesoro, e manda a puttane il Paese (per il profitto degli speculatori). Ok. E sai chi già all'inizio dell'800 l'aveva capita sta trappola? Un certo economista chiamato David Ricardo, anche lui un maledetto britannico.

Ricordati dell'orrido Malthus, che credeva di risolvere il problema della scarsa 'domanda aggregata' aumentando le schiere dei Re, lords, baroni o prelati parassiti straricchi, così che comprassero le merci disponibili. Ok. Bé Ricardo arriva sulla scena e dice a Malthus: hai detto una manica di idiozie, perché tutti i soldi che i tuoi parassiti pagheranno ai commercianti per le loro merci e lavoro, se li riprenderanno poi pari pari in tasse e affitti, visto che i tuoi parassiti hanno il potere di tassarci a morte e sono proprietari di tutti gli immobili. Tanto varrebbe, aggiunse Ricardo, che i commercianti bruciassero tutta le merce che producono, e non cambierebbe nulla per loro col tuo stupido sistema. In effetti…

Fai attenzione qui al principio di base: Ricardo riconosce per primo che se il Potere (allora i parassiti nobili, oggi lo Stato) spende per le tue merci e servizi 100, ma poi ti tassa per la stessa cifra che ti ha appena dato (pareggio di bilancio), l'economia va a puttane, e tu hai lavorato per niente. Ricardo capì 200 anni fa che il pareggio di bilancio è micidiale per noi cittadini e aziende, cioè per la società.

Detto questo, Ricardo però disse anche altre cose, e qui praticamente si diede la zappa sui piedi rispetto alla giusta intuizione di prima, perché fondò una scuola di pensiero economico che ancora oggi fa danni bestiali proprio alla tua economia di tutti i giorni.

Allora, la faccio il più semplice possibile, perché fra l'altro sta cosa ha un lato anche grottesco, e comincio con quello. Sai cos'è 'l'economia del granoturco'? Il suo principio, fondato da Ricardo, diceva questo: il contadino che raccoglie 100 quintali di granoturco, ne deve risparmiare una parte per piantarla l'anno dopo. Il contadino ha quindi **'risparmiato'** una parte. Quel risparmio verrà **'investito'** (seminato) più avanti e frutterà al contadino. Quindi Ricardo ne concluse che per poter fare investimenti nella produzione, era PRIMA necessario risparmiare. In formula suonava così: I RISPARMI OGGI GENERANO INVESTIMENTI FUTURI. Ok? Bene. Questo in effetti era vero per il villico dell'800, ma credo che qualcosina sia cambiato da allora Lollo, o no? Oggi non giriamo con granoturco nel portafogli, non mettiamo granoturco in banca per pagare la casa. O no? Oggi abbiamo il denaro, mi sbaglio? Di più: di fatto in un'economia moderna quella formula è demenziale, perché è impossibile che qualcuno possa risparmiare denaro PRIMA che il creatore del denaro, cioè lo Stato, glielo abbia dato, cioè prima che lo Stato abbia investito spendendo. È anche impossibile che fra noi privati io possa risparmiare PRIMA che un altro privato mi abbia dato dei soldi. Quindi, è ovvio che prima ci deve essere l'**investimento** (dello Stato o del privato), e solo dopo semmai il **risparmio**. Questo ribalta di 180 gradi l'idea di Ricardo, e la formula giusta invece è: GLI INVESTIMENTI OGGI GENE-RANO RISPARMI DOMANI.

Eppure…

… guarda che tutti gli economisti che oggi vanno per la maggiore sono convinti che chiunque si debba comportare esattamente come quel contadino di 200 anni fa, soprattutto lo Stato, il governo. E questo cosa significa? Che secondo loro tutti, chiunque al mondo maneggi denaro, soprattutto il governo, deve PRIMA risparmiare, POI potrà spendere/investire, e sono convinti che quell'investimento futuro genererà ricchezze e impiego per il Paese.

Infatti oggi nel mondo moderno tutta la teoria economica che regola la nostre vite predica sta idiozia medievale della 'economia del granoturco'. Lollo, non mi dire che non ci credi. Cavolo, la insegnano in tutte le università che contano da cui escono tutti i tecnocrati che contano (Draghi, Buti, Monti, Fassina, Zingales, Bini-Smaghi ecc.). E il risultato è questo: hanno convinto tutti, governi inclusi, a chiudere la borsa della spesa e a mettere denaro da parte per investire/spendere domani. Conseguenza? Assolutamente NON quella prevista da Ricardo, cioè una fantomatica creazione domani di ricchezza e impiego. Anzi. Col risparmio forzato, miliardi di euro vanno a finire in 'buchi' sottoterra e non fanno girare l'economia. Cioè:

A. Allo Stato viene detto che deve ridurre la spesa a accumulare un surplus (risparmio) di denaro in cassa (sotto terra appunto), così potrà investire un domani. Ma così facendo, non solo lo Stato ci dà 100 e ci toglie 100, che come spiegato sopra è già un disastro per noi cittadini e aziende, ma addirittura si mette a darci 100 e a tassarci 150 per fare il suo surplus (risparmio) Ricardiano, così noi andiamo sempre in rosso di 50 ogni anno. Apocalisse economica immediata, altro che futura creazione di ricchezza.

B. I cittadini vengono incoraggiati a mettere da parte più denaro possibile in ste assicurazioni, polizze, prodotti finanziari di ogni tipo (con cui poi le finanziarie speculano) e che è tutto denaro paralizzato in sti 'buchi' sotto terra. Quel denaro equivale al centesimo a merci, servizi, lavori, case, auto, cibo ecc. non venduti, per forza, non viene speso! Questo, come disse Malthus, deprime la 'domanda aggregata' e manda a puttane l'economia. E i grulli che avevano il loro denaro a far nulla sotto terra se lo ritrovano 10 anni dopo che, con un'economia collassata, non gli fruttato nulla in realtà.

In entrambi casi la tua economia va in pezzi, e questi due punti sono il bel regalino che ci ha lasciato sto David Ricardo, ancora oggi uno dei motivi per cui chiudono aziende, ci sono milioni di disoccupati, tu non sai mai se pagherai i fornitori ecc.

Ok, dài Lollo, non ti abbattere. Mò a sto inglese ti rimedio io: mi dai due piadine, 4 Ceres, e poi ci metti anche il whiskino, mi sacrifico và... Sono o non sono l'eroe della 'domanda aggregata'?

Karl Marx
(1/2)

Stappa n'a birra che oggi iniziamo Marx. Lollo, vedi… Lollo! Lolloooooooooo!!!! Cazzo faiii? Torna indietroooo, Lolllllooooooooooo!!! Hai lasciato la cassa dai, scemo, torna qui!!!!

Allora, prima cosa da sapere di Marx è questa: non era un rivoluzionario, non si agitò mai con un bastone con in cima un bandiera rossa, non era un esagitato, capisci? Era un fior di economista coi contro attributi, uno studioso eminente, che poi fu preso a modello ideologico da milioni di esseri umani in tempi successivi. Ok? Questo è importante perché i detrattori di Marx ti diranno che era un comunista sovversivo pazzo stalinista (sic) e ogni sorta di idiozia. No, era uno scienziato dell'economia, poi uno può non condividerlo, ma mai dire che non aveva cervello.

Seconda cosa da sapere: Adam Smith, Robert Malthus, David Ricardo e Carlo Marx furono i grandi nomi dell'economia cosiddetta **Classica**. Questo è importante da sapere perché poi ci sarà un contro-movimento a questi Classici, soprattutto a Marx a dir la verità, che prenderà il nome di economia **Neo-classica**, e sono quelli che arrivano fino a oggi con le loro idee distruttive per la gente. Ok?

Marx arriva sulla scena intorno al 1860 come pensatore importante, e formula la sua **teoria del valore del lavoro**. Che significa? Bé, gli economisti si erano sempre arrovellati attorno alla domanda "ma chi produce la ricchezza?", e ovviamente ai tempi dei Re e dei nobili parassiti la risposta era "i Re e i nobili parassiti", per forza, primo perché se no ti tagliavano la gola e secondo perché agli studiosi di allora non passava neppure per la contro-cassa del cervello che il popolo avesse una qualche funzione se non quella animale. Marx fu il primo a guardare alla questione con intelligenza e rispose così: "La ricchezza la creano solo i lavoratori, che ci smenano la vita a lavorare, e l'unico motivo per cui essa è nelle mani dei Re e nobili parassiti è perché questi se la rubano con la forza e li sfruttano".

Poi Lollo lasciami aggiungere un'altra cosina di Marx, che non ti deve complicare il quadro, è semplice semplice: lui dice che qualsiasi produzione non può che partire dall'avere denaro, poi con quello si fanno le fabbriche e si producono cose, le quali vengono vendute e così si ritorna al denaro. Formula: DENARO – PRODUZIONE – DENARO. Perché è importante? Bé, perché cento anni dopo tutto questo verrà ribaltato da altri economisti con fini anti-sociali pesanti.

Allora, veniamo al nocciolo di Marx. La famosa storia della lotta di classe e del capitalismo che collasserà, secondo le sue previsioni. La base del suo ragionamento è semplice: siccome sono i lavoratori che alla fine producono tutta la ricchezza, questi un bel giorno capiranno che non hanno bisogno dei capitalisti, o dei Re e nobili parassiti, che li sfruttano e basta, e si solleveranno per cacciarli. Dopo di che i lavoratori diventeranno i proprietari dei mezzi di produzione. Fine. Questo sarà il Socialismo.

Ma perché esattamente i lavoratori diventeranno esasperati? Non solo per lo sfruttamento, ma anche per due altri motivi:

A. I lavoratori producono un valore, parte di questo gli serve per vivere, ma una buona parte è in più, è un PLUS, e questo plus finisce nelle mani dei padroni sanguisughe. Marx lo chiama il PLUS VALORE. I lavoratori hanno diritto a dividersi anche quel plus valore, dice Marx, e quindi inevitabilmente si solleveranno per impossessarsene.

B. Ma questo plus valore può essere prodotto ovviamente solo da lavoratori in carne e ossa (LAVORO VIVO), osserva Marx. Perché? Bé, perché il plus valore per essere un valore deve poi essere venduto, per far incassare un profitto, ok? Quindi ci devono essere stipendiati vivi che lo comprano, ok? Ma a quel tempo, fine ottocento, i capitalisti stavano sempre più sostituendo il lavoro vivo con le macchine (LAVORO MORTO). Ok? Quindi Marx predisse che le macchine non avrebbero potuto produrre il plus valore, ma non perché fisicamente non potessero, ovvio che possono, ma solo perché, come detto, il plus valore è tale solo se alla fine qualcuno lo compra. Ok? Quindi se sono i lavoratori stipendiati (LAVORO VIVO) a produrlo va bene, perché poi lo comprano, ma se sono le macchine no, perché le macchine non vanno a fare la spesa. Quindi il plus valore prodotto dalle macchine praticamente non ha valore, rimane invenduto (con sempre meno lavoratori stipendiati che lo comprerebbero), e così i capitalisti perdono capitali. Ma se i capitalisti, che usano sempre più macchine, perdono capitali, finiscono per fallire e l'economia piomba nel baratro. A quel punto i lavoratori diranno basta! e si solleveranno.

Bene, stop qui oggi, Marx è da fare in due o tre parti, Lollo. Esattamente come quel meraviglioso Club Sandwich col roastbeef che adesso mi servi… cum Ceres come sempre.

Karl Marx
(2/2)

Io lo so Lollo, che il fatto che non ti arriva più il mio Ribolla preferito è solo perché mi odi e non lo ordini. Ma io indefesso! Marx non si può ignorare.

La seconda parte riguarda l'analisi che Marx fece dell'origine del profitto. Cioè: si chiese cosa veramente determinava il profitto per i capitalisti e per il popolo, per l'intera società. Non è un tema da poco, e ti spiego perché. Pensa che ancora oggi la maggioranza degli economisti e della gente proprio non capiscono un accidenti di cosa produce profitto. Pensano spesso che basta che il settore privato si sviluppi libero, basta che esso faccia girare denaro, e la nazione diventerà ricca. Una cretinata di proporzioni ciclopiche, perché invece la questione è ben più complessa. Ma io te la spiego semplice.

Allora, ritorniamo ai tempi di Marx dove avevamo i seguenti attori: i Re, i nobili, la Chiesa, cioè i parassiti, ma sempre meno potenti; poi c'erano i capitalisti borghesi, quelli delle fabbriche e dei commerci, sempre più potenti; poi i soliti sfigati, cioè le masse divise fra poveracci, contadini e operai. Naturalmente i consumi allora erano guidati soprattutto dalle prime due classi, e molto poco dalla massa. Ma Carlo Marx non era un genio per nulla, e lui pensò a come si sarebbe sviluppata la società capitalistica, e comprese che in effetti in un futuro non troppo distante la cosiddetta massa degli stipendiati avrebbe consumato la maggioranza dei prodotti, semplicemente per una questione di numero. E lì Marx pose la sua analisi del come si sarebbe originato il profitto per tutti.

Disse: i lavoratori prendono lo stipendio e poi lo spendono, ok? Le macchine, che sempre più popolano le fabbriche, invece no. Quindi l'unica forma di guadagno reale per i capitalisti sarà la massa degli stipendiati grazie proprio agli stipendi che gli stessi capitalisti gli pagano. Ora, Lollo, tieni conto che qui Marx considera le categorie di capitalisti e lavoratori ciascuna nel loro insieme, cioè tutti i capitalisti della nazione come gruppo e tutti i lavoratori di quella nazione come gruppo. Ok?

Allora, lui dice: se i capitalisti guadagnano dai loro stipendiati, questo significa solo che ai capitalisti **ritornano indietro** i salari che hanno pagato a quegli stipendiati. Quindi zero profitto. E allora come fanno i capitalisti a guadagnare un profitto netto? Risposta: ci deve essere per forza un altro settore dell'economia **esterno** a quello di capitalisti/lavoratori che compra la loro roba, così i capitalisti intascheranno soldi nuovi che non hanno precedentemente già speso per pagare i salari. Bene. Ma se è vero che, esclusi quei parassiti di Re e nobilastri, ci sono solo due settori, cioè capitalisti e lavoratori, dove diavolo lo andiamo a trovare un altro settore? Già...

Marx allora prende la lente d'ingrandimento e guarda più da vicino sti due settori di capitalisti e lavoratori, e scopre una cosa importante. Scopre che in realtà il settore dei capitalisti è composto da **2 settori**, non 1. C'è il settore che fa **prodotti di consumo** (scarpe, cibo, legname, mattoni, mobili, vestiti...) e il settore che crea i **mezzi di produzione** per fare quella roba (le materie prime + le macchine). In realtà Marx chiama questi 2 settori col nome di 'dipartimenti', te lo dico Lollo perché so che tu giochi a biliardo con dei luminari, e non voglio farti fare una figura di cacca. Ma per nostra comodità qui noi li chiameremo sempre settori. Ok. Quindi abbiamo

A. il settore dei **mezzi di produzione**

B. e quello dei **prodotti di consumo**.

Marx dice: gli stipendi di tutti quelli che lavorano nel settore dei mezzi di produzione saranno spesi per comprare i beni di consumo del settore dei prodotti di consumo, così i capitalisti di questo settore faranno soldi nuovi che non hanno pagato in stipendi ai loro lavoratori. Ok. Ma allora come fanno profitto i capitalisti del settore dei mezzi di produzione? No Lollo, non come dici tu. Infatti se i capitalisti e i lavoratori del settore dei prodotti di consumo si mettono a comprare i mezzi di produzione, questo significa che i soldi pagati in stipendi dal settore dei mezzi di produzione semplicemente gli ritornano indietro. E… Non c'hai capito un cazzo? Ok, aspetta, ragiona…

… ricordati che gli stipendi pagati ai lavoratori del settore dei mezzi di produzione sono il profitto del settore prodotti di consumo. Quindi quando il settore prodotti di consumo va a comprare i mezzi di produzione, esso pagherà con quel profitto, che è appunto gli stipendi pagati dal settore mezzi di produzione ai suoi lavoratori. Quindi al settore mezzi di produzione gli ritornano semplicemente indietro gli stipendi pagati: no profitto. Grosso problema.

Marx qui si pianta. Cristo, ma come fa sto settore sfigato dei mezzi di produzione a fare profitti? Pensa che ti ripensa, Carlo ci arriva! Dice: evidentemente, siccome abbiamo detto che il profitto viene solo da un settore **esterno** al tuo, **dove tu non gli paghi i salari o dove non ti tornano indietro i tuoi salari già pagati**, allora da qualche parte ci sarà un settore esterno sia ai mezzi di produzione che ai prodotti di consumo, così che il primo, i mezzi di produzione, possa far profitti. E dove sta? Marx dice: sta nel governo, cioè lo Stato, oppure nelle altre nazioni estere. Infatti se lo Stato si mette a comprare i mezzi di produzione, spenderà soldi che i capitalisti dei mezzi di produzione non hanno già pagato in salari, e lo stesso vale se le nazioni estere li compreranno. Evviva! Ci siamo arrivati.

Poi Marx, sempre molto riassumendo, disse anche un'altra cosa mooolto intelligente: ma che succede se i lavoratori, se lo Stato, o se il settore estero, non spendono i loro soldi, magari per risparmiare o perché ne hanno troppi pochi? Bé, ovvio, i capitalisti non venderanno abbastanza prodotti di consumo o mezzi di produzione e andranno in cacca assieme a tutta l'economia.

Ora, ATTENZIONE Lollo, sull'attenti, bevi il quinto caffè. Qui Marx intuisce due concetti immensi.

A. è inutile sperare che il tuo settore da solo possa far profitti e quindi generare ricchezza. Ci deve sempre essere un settore **esterno** al tuo che ti dà dei soldi al netto degli stipendi che tu già paghi, se no ciccia.

B. è la spesa (investimento) che fa funzionare un'economia, mentre il risparmio o la non spesa la fanno impantanare.

Sono due concetti che come vedrai fra un po' guideranno tutta la storia successiva, ma soprattutto che ancora oggi sono attualissimi. Primo perché a noi sti disgraziati di economisti di moda ci insegnano che un singolo settore (privato) può benissimo far profitti (cazzata); secondo perché le Austerità imposte dall'Europa ci dicono che tutti, gente e Stato, devono spendere meno e risparmiare (proprio quello che fa impantanare l'economia, come intuì Marx). Guarda che gran parte del collasso economico di oggi viene da lì sai?

Ok Lollo, vedo che stai ingurgitando Maalox da mezz'ora, va bene, con Marx finisco qui, giuro! (E mentre esco sento Lollo dal bagno che canta "baaandiera rossa la trion-fe-rà... giù per i cessi de-lla cittààà!").

I Neoclassici e il Neomercantilismo

Adesso Lollo affrontiamo una cosa che devi ricordare per il resto della vita. Perché a causa di Marx nascono gli economisti *Neoclassici*, e sono veramente cavoli amari per tutti noi oggi. Prima però due parole su alcuni fenomeni di rilievo di questa epoca. Siamo sempre a fine '800 e inizio '900.

Domina il *Mercantilismo*. E cos'è? È l'idea secondo cui se una nazione esporta molto sarà ricca; in particolare è una concezione dell'economia dove si crede che se in un Paese vi saranno dei grandissimi industriali con enormi fabbriche che producono a basso costo (bassi stipendi), e se questi conquisteranno fettone di mercato estero, allora la ricchezza crescerà un po' per tutti. Questi grandissimi industriali e commercianti presero il nome di *Mercantili*. E perché questo è importante oggi? Ecco: perché particolarmente in Europa oggi, particolarmente in Germania, sono tornati a dominare questi enormi conglomerati industriali che corrono come pazzi ad esportare ai Paesi che promettono moooolto bene, cioè Brasile, USA, Cina e India, più altri minori. Questi conglomerati fanno le stesse politiche di quelli di fine '800: super export e tagli ai salari dei propri lavoratori (quando non vanno a produrre dove le paghe sono 1 dollaro all'ora...). Oggi hanno preso il nome di

Neomercantili. E sono una delle componenti più dannose dell'economia europea, proprio perché chiedono con le loro lobby di Bruxelles di colpire sempre più salari, di deprimere sempre più i nostri consumi (perché vogliono che la roba qui prodotta vada all'estero) e altre misure micidiali per noi. Ok.

Poi devi capire cosa sia lo *Standard Aureo*. Tu sai che gli Stati normalmente emettono una moneta (non noi dell'Eurozona, oggi). Per circa 200 anni ci fu una regola chiamata *Standard Aureo*, che sostanzialmente diceva che gli Stati dovevano garantire la moneta che emettevano con un controvalore in oro, che dovevano ovviamente procurarsi. Fra l'altro il cittadino aveva la facoltà di andare in banca, portare i suoi soldi e pretendere in cambio un pezzo d'oro del valore equivalente. Ora, capisci che si trattava di un macigno attaccato alla caviglia per lo Stato, col pericolo di fare bancarotta in ogni istante se non trovava oro o se troppi cittadini si fossero precipitati nello stesso momento in banca a richiedere oro in cambio di carta moneta. Ok. Questo *Standard Aureo* fu abolito dal presidente Nixon nel 1971. Oggi le monete non sono più vincolate a masse di oro da ficcare nei forzieri dello Stato.

Torniamo a sti *Neoclassici*. Come già detto, l'epoca degli economisti Classici si chiude più o meno con Marx. Marx disse soprattutto una cosa: il Capitalismo imploderà su se stesso. Nascono qui (fra '800 e '900) una serie di economisti che reagiscono a Marx, prendono il nome di Neoclassici e dicono che non è vero, il Capitalismo funziona benissimo perché è capace di auto-regolarsi. Alè. Alcuni nomi: Leon Walras (FR), William S. Jevons (GB), Carl Menger (Austria), sono i top. Cosa dicono?

A.   Innanzitutto la solita balla attribuita ad Adam Smith, cioè che il Libero Mercato ha una 'mano invisibile' che lo guida.

B.   Poi inventano una teoria che si chiama *Equilibrio Generale*, ok? Ah! È un capolavoro. Dice: tutte le merci e servizi vivono in un loro equilibrio naturale, i loro prezzi si regolano da soli! Per esempio: se il prezzo di una cosa aumenta, molti correranno a produrla, ma così ce ne sarà troppa sul mercato e quindi il prezzo 'naturalmente' scenderà. Se invece il prezzo di una cosa crolla, nessuno vorrà produrla, e così ce ne sarà poca e il prezzo 'naturalmente' si alzerà. In sostanza, ciò significa che il Mercato non deve avere interferenze da parte di nessuno, meno che meno dallo Stato! Si regola da solo.

Nella teoria di sti *Neoclassici*, esiste in cima al mercato un direttore d'asta che prende le offerte dei prezzi per ogni merce o servizio, e alla fine della giornata i prezzi stabiliti saranno quelli giusti, quelli in 'equilibrio' sempre. Ma Lollo, ci risiamo, come con Ricardo: questa roba poteva funzionare quando veramente si viveva di scambi granoturco o carne o ferro. Non oggi dove il denaro ha una funzione centrale. Infatti sti *Neoclassici* sono notori perché nelle loro astrusità economiche non considerano mai che il denaro esiste! E pensa che sti tizi sono arrivati fino a oggi con le stesse idee. E sono al potere! Qui da noi.

Ti faccio capire: prendi per esempio sta storia che oggi è diventata legge, cioè che il lavoratore merita uno stipendio appena decente, ma solo se è anche produttivo (= spremuto come un limone). Sai da chi ci arriva sta fregnaccia? Da un economista *Neoclassico* che si chiamava John B. Clark (USA), e che inventò una tesi secondo cui ciascuno attore del mercato riceveva guadagno in proporzione al suo contributo. Clark sembrò suggerire che siccome il nobile parassita ci metteva le sue preziose proprietà, era giusto ne ricevesse un ricavo in proporzione, mentre il lavorante che ci metteva solo il suo corpo doveva sgobbare sempre più per meritarsi qualcosa. Immagina se sta roba era giusta: allora i lavoratori facevano praticamente tutto, ma beccavano il 2%. Il nobile parassita che aveva la terra faceva un cazzo ma prendeva affitti e rendite altissime. Il capitalista ci metteva il capitale, e sappiamo che anche quello era all'80% frutto di lavoro sfruttato, ma anche il capitalista prendeva 500 volte il lavoratore... Bravo Lollo! Grandeeeee! Hai appena detto "*e che cazzo è cambiato? Oggi l'è uguél*". Capisci ora da dove viene l'ingiustizia odierna dove il 10% ricco degli italiani ha il 50% di tutta la ricchezza e chi lavora, cioè 90%, ne ha moooolta di meno?

Altro esempio? Sai da dove nasce la retorica di Monti e Fornero che abbassando gli stipendi qui da noi si aiuterà l'economia e addirittura si arriverà al pieno impiego? Viene da un economista *Neoclassico* chiamato Arthur C. Pigou (GB), ma sarà inasprita del 100% da altri economisti *Neoclassici* moderni chiamati Kenneth J. Arrow (USA), Gerard Debreu (FR), o Frank Hahn (GB). Ovviamente lo stai vedendo che razza di geni erano e sono sti *Neoclassici*. L'Italia ha oggi i 23esimi stipendi dell'OCSE, cioè costo del lavoro basso rispetto a tutti gli altri, ma una disoccupazione da Bangladesh... Evvvai! Tutti più poveri, cornuti e mazziati.

Ultimo esempio: oggi tutti gli economisti di moda accusano lo Stato di essere un pachiderma che 'interferisce' troppo nel Libero Mercato. Le idee di sti *Neoclassici* appunto. Hai visto cosa è successo quanto lo Stato ha smesso di 'interferire'? Esatto Lollo, hai detto bene "porcatroia, oggi siamo tutti alla catena delle banche...".

Ok, adesso un' po' di Lollonomics... Piadinaaaaaa!

La prima metà del '900.
I Neoclassici e i neomercantilisti

Allora Lollo… dì la verità che ti senti fortunato, dài! Vuoi mettere l'economia con la Juventus? Spegni *Sky* e iniziamo, forza.

Vedi, adesso affrontiamo una quarantina d'anni, cioè il periodo delle due grandi guerre mondiali, dove le cose vanno in modo strano. Cioè: come sappiamo, siamo arrivati all'inizio del '900 con Marx che è ancora il gigante da abbattere, anche perché le sue idee stanno infiammando una marea di gente in Europa, e oltre. Di contro ci sono gli economisti *Neoclassici* che sono un po' come un sottobosco, ma lavorano come pazzi per resistere al marxismo. Semplificando moltissimo, si potrebbe dire che l'inizio del XX secolo vede un'economia sociale/socialista attecchire alla velocità del lampo soprattutto fra il popolo e certi circoli intellettuali, contro un'economia minoritaria ed elitista, quella *Neoclassica*, che però è un'erbaccia maledetta che resiste e che inizia ad ottenere finanziamenti dalle classi alte.

Nel primo campo, quello pro-popolo, non ci si deve dimenticare l'Anarchismo, di cui nessuno parla più oggi, ma che allora fu un fenomeno notevole. I suoi pensatori furono Pierre Joseph

Proudhon, o Michail Bakunin o Kaspar Schmidt. Sai Lollo, oggi quando si dice anarchia s'intende il caos, ma è robaccia. Gli anarchici di quel periodo erano intellettuali complessi e soprattutto accaniti fino al fanatismo. Pensa che il fenomeno del terrorismo alla Bin Laden per intenderci, fu proprio un'invenzione degli anarchici che condussero una campagna di attentati feroci in quegli anni, compresi attacchi kamikaze, e con la stessa motivazione degli islamici di oggi, cioè lo sdegno incontenibile per le ingiustizie sociali (allora era per il proletariato alla fame, oggi, per gli islamici, sono i decenni di imperialismo USA).

Un periodo strano anche perché le grandi guerre sono un motore economico immenso, e paradossalmente producono distruzione da una parte ma grande economia dall'altra. In guerra una nazione ha bisogno di una quantità di mezzi enorme e quindi impiega quasi tutti coloro che sono in età lavorativa per produrli, a spese dello Stato, arrivando spesso alla quasi piena occupazione. Poi ci sono le ricostruzioni, e anche lì girano tanti soldi. Ora, è chiaro che le elite di quegli anni ancora avevano in mano il 99% della ricchezza, ma paradossalmente furono proprio le economie di guerra che diedero una spinta economica anche alle classi degli sfigati, tale da renderli sempre più coscienti dei loro diritti. E qui arriva anche un signore di nome Lenin, il quale come economista fece un'operazione semplice: prese Marx, cioè le sue idee, e ci aggiunse lo Stato imperialista, quello tipo la Gran Bretagna delle colonie per intenderci o la Russia degli Zar, e concluse che lo Stato finisce sempre per stare dalla parte delle elite. Stato + elite hanno creato l'Imperialismo, disse Lenin, che per lui era la versione moderna del vecchio capitalismo di cui parlò Marx. Poi Lenin fu messo su un treno, non pagò il biglietto e lo scaricarono a Mosca, dove fece un gran casino….. Oh Lollo, dimmi chi altro al mondo ti ha spiegato la Rivoluzione di Ottobre in 21 parole, eh?

Ma torniamo qui da noi, perché in mezzo a tutti sti su e giù piuttosto drammatici dei primi 40 anni del XX secolo, ci sono un paio di cose da notare. La prima è che i fascismi europei ebbero tutti la caratteristica, dal punto di vista economico, di percorrere un doppio binario: da una parte una gran fanfara retorica a favore del popolo visto come un motore da nutrire, ma solo per scopi di ordine sociale soffocante e di braccia da portare in guerra. Questo portò a un marginale miglioramento delle condizioni di vita della piccola gente; dall'altra la realtà concreta era che la grande economia veniva sempre consegnata nella mani degli industriali Neomercantili e dei latifondisti, cioè gli eredi dei parassiti feudali. La seconda cosa da notare è il fenomeno della Iper-inflazione della Repubblica di Weimar, che va spiegato perché ancora oggi usano sta storia per fotterci, per spaventarci e per tappare la bocca a chi vorrebbe un intervento monetario dello Stato per creare ricchezza per i cittadini e aziende.

Adesso Lollo, sì, esatto, è proprio così come hai detto: l'immagine popolarizzata di Weimar è che lo Stato tedesco dopo la sconfitta della prima guerra mondiale si mise a stampare moneta così come si stampano francobolli, e questo portò a un'inflazione così catastrofica che la gente andava a comprare le sigarette con le cariole cariche di biglietti da 100 trilioni di gilioni di cosmilioni di marchi. Vera la seconda parte, ma totalmente falsa la prima. Il problema è che appena uno oggi dice in Tv "*Serve più spesa dello Stato per rilanciare l'economia*" salta su il Giannino di turno e si mette a strillare "*Weimaaaaar!*" e tutti si zittiscono.

Così di fatto l'unico attore che potrebbe oggi salvarci da sta catastrofe dell'Eurozona, cioè proprio uno Stato con moneta sovrana che la spenda a sufficienza, viene eliminato dal dibattito per il falso terrore della Iper-inflazione di Weimar, e io e te e tutti lo pigliamo in quel posto.

Allora cosa accadde veramente durante la Repubblica tedesca di Weimar facendola semplice e chiara? La Germania aveva perso la prima guerra mondiale, e col famoso trattato di Versailles i vincitori decisero che doveva pagare i danni di guerra. Ok, giusto. Ma ciò che fu sbagliato fu che essi costrinsero Berlino a pagare troppo e troppo in fretta. E cosa fece il governo tedesco? Si mise disperatamente a produrre cose da esportare per guadagnare abbastanza (soprattutto oro) da ripagare quei debiti colossali. Poi accadde che Francia e Belgio si presero una delle regioni più produttive di tutta la Germania, la Ruhr.

Allora Lollo, tu che ora sei quasi laureato in economia, sai che l'inflazione viene soprattutto quando in un Paese ci sono troppi soldi in giro e troppi POCHI prodotti da comprare, ok? Abbiamo appena detto che la Germania era costretta ad esportare una montagna di prodotti per pagare i debiti; che la super produttiva Ruhr era stata presa dai vincitori. Cioè: in Germania i prodotti disponibili per il consumo interno diventarono sempre più scarsi. Ok. Tieni conto anche che il governo comunque si prendeva una parte di produzione, per il suo funzionamento. Risultato? Troppi prodotti furono risucchiati da questi fattori, e alla gente rimaneva poco da comprare. Il governo poi, per non esasperare i tedeschi già umiliati dalle riparazioni di guerra, non volle tagliare gli stipendi o tassare quanto era necessario per contenere l'inflazione, e quindi stampava marchi per questo motivo. Dunque, in Germania in quel periodo i prodotti scarseggiavano; la gente prendeva lo stipendio, e lo Stato pure, nel senso che si stampava i soldi per le sue necessità. Così fu che governo e gente di trovarono a competere l'uno contro l'altro per comprarsi toppi pochi prodotti disponibili, e fu inflazione, disastrosa.

Come vedi Lollino mio, anzi, Lollone mio visto che sei 2 metri per 120 chili, la storia non fu così banale come la descrivono gli economisti falsari di moda oggi. Weimar e l'Iper-inflazione ci furono perché c'erano diverse e precise condizioni estreme e di proporzioni storiche, che è un po' difficilino che si riproducano oggi in Italia, eh? Non ti sembra?

Fra l'altro, e qui introduco il prossimo capitolone di questa storia che ti piace tanto, ci fu un grandissimo economista inglese di quel tempo che aveva già previsto tutto per Weimar, e che disse prima di tutti che le impossibili riparazioni di guerra imposte alla Germania non solo avrebbero creato Iper-inflazione, ma anche altri effetti spiacevoli... cazzo, Hitler! Guarda che quel pittore fallito di Adolf Hitler non sarebbe mai giunto al potere se non ci fosse stata la catastrofe di Weimar. Comunque, quell'economista che l'aveva vista lunga era un certo John Maynard Keynes…

Come "ecchiccazzoè??" Lolloooooooooooooo……

John Maynard Keynes
(1/3)

Lollo, sai quando nasce un genio? Hai presente? No, non quello che domenica ti ha fatto beccare Cassano-primo goal e incassare 500 euro di scommessa... dicevo qualcosina di un po' meno importante, ma comunque sempre un genio. Parlo del tuo John Maynard "ecchiccazzoè?" Keynes, dai ricordi? Ecco. Quell'economista a mio parere era un genio, e oltre tutto era uno di quei tizi che mentre con una mano studiava tutto lo scibile del mondo, con l'altra lo cambiava pure, poi faceva anche il resto.

L'importanza di Keynes sta soprattutto in una cosa: fu colui che prese il meglio di tutta l'economia sociale, quella pro-gente, la codificò cento volte meglio di chiunque fosse venuto prima, e cambiò per sempre il modo di pensare alla gestione economica di una nazione. Infatti sconvolse tutti, e fece infuriare in modo inaudito i nemici dell'economia sociale, i famosi Neoclassici di cui abbiamo parlato. Se Marx era stato fino a quel momento un muro da abbattere per le elite finanziarie dei predatori neoclassici, Keynes divenne la muraglia cinese da abbattere. Fu dopo di lui che la battaglia fra economisti pro-Stato e pro-gente, e quelli anti-Stato e anti-gente si trasformò in una carneficina, altro che battaglia. Con ferocia. Pensa che ancora oggi se si nomina Keynes alla Bocconi di Milano, noto covo di Neoclassici, tutti tirano fuori aglio, crocifisso, martello e paletti acuminati...

Allora, cosa disse sto Keynes, Lollo? Oddio, non è che lo possiamo riassumere in una puntata, abbi pazienza. Ma ok. Devi sempre ricordare che fin dai tempi di David Ricardo ('700) la fondamentale divisione dell'economia fu fra due convinzioni:

> CONVINZIONE 1 (Ricardo e poi tutti i Neoclassici) – PRIMA SI DEVE RISPARMIARE, POI SI POTRA' SPENDERE/INVESTIRE PER PRODURRE E TORNARE A RISPARMIARE;

> CONVINZIONE 2 (Marx e i suoi discendenti) – PRIMA SI DEVE SPENDERE/INVESTIRE, POI SI POTRA' PRODURRE E RISPARMIARE.

E guarda che ancora oggi è la stessa storia, ancora oggi i campi di guerra sono questi. Quindi arriva Keynes e dice: inutile insistere, se prima non ti arrivano i soldi è impossibile che chiunque possa risparmiare o produrre (Convinz.2). Se lo Stato non crea e non fa girare i soldi (se risparmia), se gli stipendi non vengono spesi (per risparmiare), le aziende non vendono, licenziano, l'economia va in una spirale che si morde la coda, con sempre meno lavoro, sempre meno stipendi e così daccapo. Ma non solo. Keynes va oltre, e da bravo scolaro che era si prende la briga di studiare tutta la teoria *Neoclassica* e di smontarla pezzo a pezzo. Provo a farla semplice, eh? Ci provo, dai.

I *Neoclassici* sostenevano e sostengono che i risparmi e gli investimenti/spesa si equilibrano da soli. Cioè: loro dicono che se la nazione risparmia, nel senso che mette i soldi in titoli di Stato e di soldi ne circolano pochi in giro, allora i tassi d'interesse saranno bassi (+ titoli si comprano + i tassi scendono, e con pochi soldi in giro la Banca Centrale può tenere i tassi d'interesse bassi). Se i tassi sono bassi, continuano i Neoclassici, la gente e le aziende sono incoraggiati a spendere i risparmi in investimenti, proprio perché non conviene tenere risparmi in banca con interessi così bassi. E poi in sto modo le aziende sono incoraggiate a investire, perché prendono in prestito dalle banche a interessi bassi. Mentre se, al contrario, si comprano pochi titoli e si risparmia poco, cioè circolano molti soldi, i tassi saranno alti, e come in una legge naturale di riequilibrio, la gente e le aziende vorranno risparmiare per lucrare sui tassi alti. Violà! Lasciate fare al Mercato, lo Stato non interferisca!

Arriva il nostro Keynes e dice: macché! Questa è tutta teoria dei Puffi, buona solo a parole, ma nella realtà se tutti risparmiano si abbassano i consumi; se si abbassano i consumi si ammazza la produzione, e questo fa crollare i profitti, gli stipendi e l'occupazione, e questo a sua volta fa ovviamente crollare persino i risparmi. Ovvio, dice Keynes, come diavolo si fa risparmiare se l'economia va in depressione **proprio a causa della mania di risparmiare?** E come diavolo si fa risparmiare se uno deve pescare proprio dai risparmi perché l'economia è in depressione? È un paradosso, dice il nostro, e infatti lo chiamò Il Paradosso della Parsimonia. Poi aggiunse: è ovvio che per poter risparmiare qualcuno ti deve prima aver dato i soldi da risparmiare, quindi devi aver avuto un profitto o un reddito, ma se prima ci deve essere stato un profitto o un reddito significa con certezza che prima c'è stato qualcuno che ha investito/speso. Quindi è altrettanto ovvio che è l'investimento/spesa che deve venire prima del risparmio, e non il contrario, come sostengono i Neoclassici. Poi: ricordiamoci, dice il nostro, che il maggior investitore e spenditore è lo Stato, che ha la macchina per stampare soldi suoi teoricamente all'infinito, e quindi in caso di bisogno deve essere sempre lo Stato il primo a investire/spendere.

Insomma, Keynes distrugge l'idea neoclassica secondo cui l'economia si equilibra da sola nel gioco spontaneo fra risparmi e investimenti/spesa, basta che lo Stato si levi di mezzo e tutto venga lasciato nella mani del Mercato. Keynes dice che non esiste un pilota automatico in economia e che l'investimento/spesa dello Stato è in primis il motore certo di tutta l'economia di un Paese. E questo fu rivoluzionario allora, come lo è oggi, dove sti Neoclassici al potere ci stanno distruggendo col pareggio di bilancio (dove lo Stato NON deve spendere e deve risparmiare), infatti guarda com'è conciata l'economia. Capito? Alla prossima maggiori dettagli, và.

(P.s. Lollo è diventato Keynesiano all'istante! Infatti mi ha subito detto: *"Fa mò il Keynes anche tu e spendi, che oggi hai spizzicato gli aperitivi ma non hai cacciato un soldo ancora!"*).

John Maynard Keynes
(2/3)

E adesso Lollone mio andiamo dentro al genio di Keynes e qui la fatica la faccio io, non tu, perché semplificare l'opera di questo uomo, che è poi soprattutto la celeberrima Teoria Generale, è un casino della malora. Ma siccome sono al quarto Pinot mi sa che ce la faccio. Pronti, via.

Keynes si pone un problema, cioè: cosa fa girare bene l'economia? Un'economia gira bene se c'è 'domanda', osserva. Allora cosa crea la domanda 'effettiva', che significa, cosa crea le condizioni perché ci sia richiesta (domanda) di beni e servizi e produzione? Infatti se c'è questa domanda ci saranno posti di lavoro per produrre, investimenti, redditi, e prosperità. Allora Keynes individua due componenti fondamentali per avere la domanda 'effettiva'.

A. LA FUNZIONE DEL CONSUMO. Significa il meccanismo secondo cui un soggetto decide quanto spendere per consumare prodotti e servizi. Keynes dice che va studiato questo meccanismo per capire se ci saranno soldi che girano.

B. LA DECISIONE DI INVESTIRE. Significa che cosa spinge un soggetto a investire nell'economia. Keynes pensa soprattutto agli investitori, che potrebbero decidere di aprire fabbriche, aziende, ecc. Anche questo va studiato bene.

Allora, il punto A). Keynes ci dice che secondo lui la gente comune tende a spendere 90 centesimi per ogni dollaro che guadagna (uso dollaro come esempio). Ma ci sono delle variabili. Per esempio un professionista ricco spende meno di 90 centesimi per ogni dollaro, perché si può permettere di risparmiare più di un impiegato. Poi spesso le classi basse addirittura sono costrette a spendere di più di 100 centesimi per ogni dollaro guadagnano, e vanno a debito. Quindi, conclude Keynes, la FUNZIONE DEL CONSUMO dipende strettamente dal tipo di reddito che uno ha. Ma comunque in media la gente spende il 90% di quello che guadagna, ok? Allora Keynes ne deduce che ci sarà un 10% di cose prodotte che rimangono sempre invendute, e questo è male, è un problema per l'economia.

A questo punto Keynes dice che l'unica cosa che può riempire questo buco è l'**investimento nell'economia, la DECISIONE DI INVERSTIRE**. Ma cosa spinge qualcuno a investire? Eh già, questo è un problema fondamentale anche oggi Lollo, dove siamo tutti speranzosi di avere investitori che creano posti di lavoro. Keynes qui afferma una cosa drastica e verissima: **uno investe SOLO SE È OTTIMISTA sul futuro dell'economia**. Infatti l'investimento non dipende, come i consumi, dal reddito. Dipende dalle aspettative che un investitore ha di farci un ricavo. Magari l'investitore ha anche un bel gruzzolo, ma è inutile, se non è ottimista sulle prospettive dell'economia non investirà un cavolo, conclude Keynes. Addirittura, se invece c'è ottimismo sull'economia gli investitori investiranno anche se non hanno soldi (prestiti).

Ora atttttttentoooooo!

Questo è un punto crucialissimissimisssssssimo. Vedi cosa succede oggi? Oggi l'Eurozona ha stabilito regole economiche **che di per sé** distruggono l'economie dei Paesi membri. Keynes aveva previsto che in una situazione depressa gli investitori non avrebbero mai investito, e infatti da noi è proprio così. Non investe nessuno, non si creano posti di lavoro e redditi. Ma questo ci impoverisce ancora di più, e allora l'investitore teme sempre di più e investirà sempre di meno… e così via come un cane che si morde la coda. Capisci Lollo che razza di disastro hanno creato quelli che W l'euro!, W le regole del rigore! Stocazzo. È una condanna senza via d'uscita. E infatti anche quelle operazioni che fa Draghi alla Banca Centrale Europea sono del tutto idiote, come disse Keynes. Draghi si è inventato il LTRO, cioè pompa soldi a tassi bassissimi nelle banche europee credendo che poi queste torneranno a investire o prestare alle famiglie e aziende. Ma non lo fanno! Proprio per quello che disse Keynes: nessuna banca apre i rubinetti se è pessimista sull'economia, Cristo! Ma ci vuole molto a capirlo?

Ma Keynes era un genio, e predisse anche un'altra cosa nel capitolo 17 della Teoria Generale. La faccio semplice: se gli investitori si trovano appunto in un'economia che va sempre più in depressione, sai cosa faranno? Decideranno, disse Keynes, di investire solo in beni finanziari (beni liquidi), cioè speculazione che non crea nessun posto di lavoro né vera economia. Disastro. Infatti, gli investitori per investire invece in beni reali e posti di lavoro (beni illiquidi) pretenderanno degli interessi altissimi per coprirsi dai rischi. Ecco Lollo, eccoti esattamente la situazione catastrofica e distruttiva di oggi, Cristo!, dove gli investitori non stanno aprendo aziende, anzi, falliscono in massa, e dove quindi la spirale negativa dell'economia va sempre più in basso con la disoccupazione sempre più in alto, come predisse Keynes. Mentre dall'altra parte hai investimenti folli in speculazione.

Per finire questa tappa Keynesiana, arrivo alla ricetta che Keynes diede per rimediare al disastro sopra descritto. E indovina cosa disse? Disse che in quelle condizioni di pessimismo generale e di depressione SOLO lo Stato è in grado di intervenire a stimolare l'economia con i suoi investimenti. **E DEVE farlo**, ci dice Keynes. Riassumo: gli investitori investiranno e creeranno posti di lavoro solo se sono in un'economia che promette bene; gli investitori non assumeranno MAI e poi mai neppure se sti tecnocrati Neoclassici delinquenti (Fornero) abbassano gli stipendi come in Kosovo, sempre perché sono pessimisti sull'economia; **questo significa che il Mercato da solo non eliminerà mai la disoccupazione**; infatti meno redditi ci sono meno la gente spende meno gli investitori guadagnano e meno investono. A questo punto **solo lo Stato può intervenire a stimolare l'economia coi suoi soldi.**

Ma Lollo, te lo sto dicendo da 9 puntate: oggi TUTTI GLI ECONOMISTI al potere e tutti i Trattati europei sovranazionali (+potenti dello Stato) ci impongono che lo Stato NON SPENDA ASSOLUTAMENTE, anzi, deve risparmiare. Immagina, adesso che conosci Keynes, come diavolo se ne esce. Ed è un disastro epocale che paghiamo sulla pelle di milioni di famiglie.

Soluzioni Lollo?

(Lollo alza il braccio destro e lo pone su un magnum di Vodka… mi sembra di capire cosa mi sta dicendo).

John Maynard Keynes
(3/3)

Dio santo Lollo, ma quella Vodka faceva sognare. Chi ci ha svegliati sul pavimento del bar oggi? Mah! Dai, fammi quel litro di caffè e finiamo Keynes, e lo finiamo facendo il girotondo. Yes! Finiamo con il Flusso Circolare del genio inglese. Alè. E te pareva se non mi sparavi il tuo trade mark "*eccchecccazzoè?*". Ti spiego perché è importante, anche questo.

Keynes spinge la sua analisi anche alla circolazione del denaro nella società, perché sa che capirla significa farla funzionare bene. E bene per lui significava sempre il bene pubblico, soprattutto la lotta alla disoccupazione. No, non era un comunista, non era socialista, anzi, Keynes era un vero elitista. Apparteneva a gruppi culturali esclusivi, come il Bloomsbury della celeberrima scrittrice Virginia Woolf, e fu molto chiaro sulle sue appartenenze, infatti dichiarò che "*se mai ci sarà una rivoluzione socialista, essa mi troverà dalla parte delle elite culturali*". Ma questo non significa che Keynes non fosse nel cuore un uomo totalmente dedicato alla giustizia sociale, sia qui da noi che nel Terzo Mondo. Ti ricordo, qui solo di sfuggita, che questo economista, fra le tante cose, s'inventò anche un sistema di 'giusti commerci' fra nazioni del mondo che avrebbe eliminato tante orribili povertà e ingiustizie imperialiste. Non fu mai applicato. Ma ok, andiamo al *Flusso Circolare*.

Keynes dice: c'è un rapporto fra risparmi e investimenti. Per forza. Se immaginiamo che il denaro gira in un flusso circolare, vediamo che gli investimenti diventano stipendi; ma la gente in media non spende tutto ciò che guadagna, perché qualcosa risparmia. Questo risparmio, dice Keynes, sfugge fuori dal flusso circolare dei soldi. Quindi nel flusso avviene una 'perdita', esattamente come quella di un tubo che ha un foro. Questa 'perdita' va riempita, se no il Flusso Circolare si riduce, e questo non va bene. E cosa può riempire il vuoto? Keynes non ha dubbio: gli investimenti, cioè altri investimenti. E chi li può fare? Bè, ovvio, solo due attori: o le aziende/investitori, o lo Stato. Ma specifichiamo:

- Quando c'è un investimento nella società di cittadini e aziende, dice l'inglese, c'è un corrispettivo aumento di **redditi** e di **impiego**. Questi redditi, causati dagli investimenti, comprano beni e servizi, ma formano anche i **risparmi**. Poi va precisato: gli investimenti possono essere, oltre a quelli dei privati (incluse le banche), anche quelli dello Stato e delle nazioni estere che spendono in un dato Paese. Quindi, conclude qui Keynes, è certamente vero che i redditi, l'impiego e i risparmi nazionali sono la somma degli investimenti privati, più quelli dello Stato (a deficit, cioè lo Stato che investe per noi più di quanto ci tassa), più i guadagni dell'export.

- Come già detto, la gente però non spende tutto quello che guadagna, perché un poco risparmia, quindi c'è quella 'perdita' che sfugge al Flusso Circolare.

- La 'perdita' quindi sono i risparmi, che sovente finiscono per essere identici alla quantità iniziale di investimenti. Fin qui tutto ok. Ma cosa accade se i risparmi, cioè quelle 'perdite', diventano superiori agli investimenti? Accade che il Flusso Circolare si restringe pericolosamente, cioè l'economia nella società va in crisi.

- A questo punto, dice Keynes, c'è solo lo Stato **a moneta sovrana** che può iniettare investimenti nella società di cittadini e aziende per riparare il Flusso Circolare in quantità sufficienti e senza perdite, perché sui privati non si può contare (vedi puntata precedente). Ciò non solo manterrà in salute il Flusso Circolare, ma l'investimento dello Stato potrà curare ogni forma di disoccupazione esistente. E questo rigenererà tutto il sistema (nota che la rigenerazione porterà poi maggiori fondi nella casse dello Stato stesso, per cui la cosa quasi si ripaga da sé).

Lollo, ti rendi conto? Per quanti decenni abbiamo sofferto la disoccupazione che è il peggior male economico esistente in assoluto? Oggi poi non ne parliamo. Eppure Keynes già 70 anni fa aveva scritto la ricetta per la salvezza. Pensa Lollo che nei soli Stati Uniti la disoccupazione costa allo Stato 9 miliardi di dollari al...... GIORNO! Altro che Casta!

La storia del mondo, caro amico, avrebbe potuto essere un'altra, molto più equa, con masse immani di sofferenze sociali in meno. Ma come al solito i Poteri ci misero lo zampino, intendo i Neoclassici e la loro costola ancor più infame, cioè la scuola di economia Austriaca di Von Mises e Hayek. La rovina del pensiero Keynesiano iniziò alla mega conferenza di Bretton Woods del 1944, dove si decisero i destini del monetarismo mondiale. Keynes ne uscì sconfitto, in particolare dagli Stati Uniti. Poi, un brutto giorno del 1946, mentre si godeva il riposo dopo una lunga camminata, Keynes morì di colpo. Fine. Sai, senza il suo carisma fu ancor più facile per le elite predatrici far fuori le sue idee. E tutti noi, popolo, siamo a questo punto, conciati come oggi. Per non parlare dei poveri del Sud del mondo.

Guarda, se ti capiterà qui a prendere un caffè un professore di economia di quelli pomposi, quindi certamente non un coraggioso, ti dirà con fare di sufficienza che Keynes è superato e oltre tutto fallimentare. Ma tu rispondigli così: in sostanza il grande messaggio di John Maynard Keynes fu che nel momento del bisogno (come oggi!) e per evitare sofferenze sociali tragiche (come oggi!), lo Stato può curare l'economia con sufficienti iniezioni di investimenti a deficit, certo, a deficit!, fino a raggiungere la prosperità. E digli: lo sa lei che gli Stati Unti uscirono dalla seconda guerra mondiale con un deficit del?….. del?….. 25%! che è il doppio della Grecia di oggi, ma proprio grazie a quella immane iniezione di spesa pubblica divennero il più ricco Paese del mondo e fecero ricca tutta l'Europa distrutta. Digli questo Lollo. Altro che superato Keynes.

(io: W Keynes…! John! – John! – John!……)

(e Lollo: John Legend! Yeaaa!……)

P.s. ma io perché gli spiego l'economia?

Neoclassici e Neolibersti

Hai presente Lollo quando un 'grande' sparisce dalla circolazione e un'intera epoca muore? Ecco, lo hai detto, proprio tipo quando Michael Jordan se n'è andato dai Chicago Bulls, ma nel caso di John Maynard Keynes le cose se mi permetti furono un pelino più gravi. Devi capire che la morte di Keynes di fatto è stata un po' come la morte di Freud, nel senso che senza di lui la sua dottrina è stata molto diluita, e ha perduto tutta la genialità.

Lollo devi immaginare com'era il mondo dopo la seconda guerra mondiale. Sul piatto da gioco c'era, non esagero, la più colossale torta economica da spartirsi della storia umana. Prima cosa, tutto il business della ricostruzione, poi la spartizione della aree geografiche più ricche di risorse di tutto il pianeta. Poi ancora le prospettive per il Big Business di creare enormi masse di consumatori che negli anni si sarebbero infettati sempre di più di quel virus che io chiamo *"L'Esistenza Commerciale"*, oliando macchine di profitti inimmaginabili fino ad allora. Non ci scordiamo il neo-imperialismo USA e Sovietico, che soppiantava il vecchio colonialismo in decadenza di Gran Bretagna, Spagna e Portogallo. Insomma, un tesoro di fronte al quale Atlantide è un gratta&vinci da 50 euro. Ora, il problema fu che le elite dei parassiti, quelle man mano sconfitte dal socialismo, dal comunismo, e dalle democrazie occidentali, si organizzarono furiosamente per recuperare il terreno perduto fra la fine dell'800 e la metà del '900. La colossale torta se la volevano pappare loro, ok? Non se ne parlava di permettere alla gente di veramente controllare quella torta, manco per il cavolo. Alla gente doveva essere riservata l'ILLUSIONE di controllare qualcosa, non di più.

Se Keynes fosse vissuto 20 anni di più, non sarebbe stato tanto semplice per i parassiti Neoclassici papparsi il bottino. Ma così non fu. E ci abbiamo rimesso tutti, noi occidentali, per non parlare dei poveri del Sud.

Attento a una cosa: il processo di fagocitazione dei sistemi economici da parte dei Neoclassici non avvenne però nell'arco di un attimo. Anzi, al contrario. Infatti se uno guarda la storia dei nostri Paesi dal 1948 al 1975 circa, cosa vede? Un trionfo di sistemi sociali preziosi, a iniziare dal famoso Welfare inventato dagli inglesi, cioè lo Stato Sociale, per poi proseguire con la crescita esponenziale dei sindacati, delle legislazioni di protezione del lavoro (quella italiana fu la n.1 al mondo), l'istruzione per tutti, e anche una certa quota residua di Keynesismo nelle politiche economiche di molti Paesi. Ma cosa accadeva sotto la copertina? Accadeva che queste elite Neoclassiche lavoravano come pazzi per arrivare a sovvertire tutta questa impostazione. E come lavoravano?

Qui Lollo devi capire una cosa: la differenza fra i 'buoni' – che definiamo come coloro che tengono a una società dove le persone comuni sono al centro di tutto, e i 'cattivi' – quelli che pensano che le persone siano poco più che mandrie da mungere per controllarne ogni bene, sta nel fatto che i primi sono al 98% delle 'belle anime' sbandate che non capiscono niente di come funziona la Macchina infernale del Vero Potere, né accettano che essa va noiosamente studiata per anni. No, loro fanno i cortei colorati, i V-day, i centri sociali, Twitter, o spaccano vetrine, roba idiota. Mentre i secondi sono quella Macchina e sono di una bravura infernale.

Primo, già a 18 anni sono pronti, studiano solo, e non li vedi mai agli Spritz in piazzetta o ai concerti; poi sono finanziati con somme senza limiti, entrano nei club esclusivi dei tecnocrati poco dopo i 20 anni, sono svuotati di qualsiasi umanità già a questo punto, vengono fatti sentire 'I Padroni dell'Universo' (J. Meriwether), cioè gli lavano il cervello al punto da convincerli che essi sono razza eletta, non misera gente, con un diritto quasi divino di comandare. Ci sono organizzazioni potentissime che si chiamano Think Tanks (serbatoi di pensiero) che furono create già dagli anni '50 e poi molto negli anni '70 (Mont Pèlerin Society, CUOA, Adam Smith Institute, Heritage Foundation, Cato ecc) da finanzieri Neoclassici elitisti le quali, in collusione con noti economisti accademici internazionali sempre Neoclassici o Neoliberisti (Brunner, Meltzer, Friedman, Lucas, Alesina, ecc.) allevarono e allevano schiere di questi giovani per destinarli quatti quatti a infiltrare tutte le strutture chiave del Vero Potere, che non sono i parlamenti o i governi Lollo, ma i quadri medi dei ministeri dell'economia, o le dirigenze delle grandi banche, per non parlare dei posti decisionali nella Commissione Europea, nel Fondo Monetario Internazionale, e infine le docenze universitarie nei migliori atenei. È così che nel silenzio dei media e dietro le quinte degli inutili starnazzamenti della politica della Casta, quella gente arrivò entro la metà degli anni '70 a occupare la cosiddetta 'stanza dei bottoni' del Vero Potere, quello **sovranazionale**, cioè quello più potente degli Stati sovrani.

Ecco che fu in quell'epoca che noi poveracci sentivamo distrattamente parlare al TG di *"Europa Unita"*, *"La Moneta Unica per contrastare il Dollaro"*, *"Trattati europei per la modernizzazione"*, tutto fumo negli occhi che nascondeva nella realtà il fatto che tutti costoro già posizionati nella stanza dei bottoni avevano completato il loro piano finale: sottrarre agli Stati stessi (!) ogni reale potere, soprattutto quello di emettere moneta (Europa Unita della Commissione Europea con creazione Eurozona), ottenere da questi Stati ignoranti la firma per una delega in bianco data a queste elite per la gestione di quasi tutto il potere reale (i Trattati europei per la 'modernizzazione'), e convincerli che la strada della prosperità si chiama economia Neoclassica, quella truffa pro elite di cui abbiamo già parlato in precedenza (il 'Rigore dei conti dello Stato').

L'accelerazione del piano avviene proprio fra l'inizio degli anni '70 e la fine della decade successiva. Qui Lollo devi notare una cosa fondamentale. Domanda: quali sono in Occidente i Paesi più potenti? Sono USA, Gran Bretagna, Germania e Francia. Bè, il lavoro delle elite, delle Think Tanks e dei loro 'automi' lavati nel cervello (ma abilissimi) posizionati nei posti chiave fu in grado praticamente nell'arco di un paio d'anni di piazzare alla guida di questo poker di super potenze quattro politici totalmente nelle loro mani: Ronald Reagan in USA, Margaret Thatcher in GB, Helmut Kohl in Germania e Francois Mitterrand in Francia. È quello che io ho chiamato *"Il Poker Neoliberista"*.

Sì sì, lo so Lollo, è la seconda volta che nomino sti Neoliberisti, e tu da bravo scolaro mi hai appena chiesto **"ancora n'altro Neodéstoccazz?"**. Ok, ti spiego la differenza fra i Neoclassici e i Neoliberisti. In breve: i primi sono un vero movimento di teoria economica accademica nato come ti dissi in reazione a Marx. I secondi sono un movimento ideologico politico soprattutto, più che economico. Nacquero nel corso di una conferenza tenuta, sembra, da Karl Brunner a inizio anni '70, e condividono quasi tutte le idee dei Neoclassici, ma a queste hanno aggiunto i dogmi di **"smaller governments, and hands off"**. Cioè loro iniziarono a strombazzare che i governi dovevano rimpicciolirsi, levarsi dalle balle, e non mettere le loro mani in pasta praticamente da nessuna parte nella società, che andava lasciata libera di arrangiarsi secondo la solita stupidaggine Neoclassica che il Libero Mercato si autoregola (però quando si tratta di salvare il culo a loro, a quel punto i Neoliberisti invocano lo Stato!!!!!... ma dai?). Reagan, Thatcher, Mitterran e Kohl erano Neoliberisti D.O.P., anche se per esempio Mitterrand fingeva di non esserlo. Ma di fatto, a quel punto, il top della potenza mondiale era nelle mani dei Neoliberisti/Neoclassici, il poker era fatto.

Guarda Lollo che quanto ti sto dicendo è di una importanza non solo fondamentale, ma tragica direi. Perché con un Poker simile fu ancora più facile per le elite parassite spazzar via dalla memoria, dai libri di testo, e dalle stanze della politica qualsiasi traccia di economia keynesiana per l'Interesse Pubblico. Letteralmente fu dal ventennio '70-'80 che il mondo cambiò in modo sconvolgente per loro mano: collasso indecoroso dei sindacati, politiche di privatizzazioni-truffa a tutto spiano per arricchire pochi parassiti (le fischiano le orecchie On. D'Alema, uomo delle privatizzazioni italiane record in UE dal 1997-1999?), distruzione della certezza e del diritto del lavoro, diluizione delle leggi a difesa dei diritti civili, dell'ambiente, esplosione dei media come strumenti di idiozia di massa, e soprattutto la nascita dei *"Fantasmi del debito pubblico e dell'Inflazione"* proprio per paralizzare la funzione primaria dello Stato di proteggere e aiutare i suoi cittadini. Più tanto altro, che qui non ci sta.

Ultima cosa Lollone, prima che stappi la varechina… Non dobbiamo dimenticare le lobby. No, no, non dire corbellerie, non sto parlando dei film di Hollywood. La parola lobby è stata abusata per decenni da ogni sorta di fantasioso cretino, fino alle chiacchiere da bar. No. Le lobby esistono e sono formidabili macchine da guerra esattamente come le *Think Tanks*, e fra l'altro gestite sempre dalla solita risma di rapaci elites. La faccio breve: fu un giovane conservatore americano negli ultimi anni '60 che fece la pensata micidiale. Si chiamava Ed Feulner, stava a Washington D.C., e si rese conto che i parlamentari erano troppo ignoranti per sapere tutto quello su cui erano chiamati a decidere: cose che andavano dalla regolazione degli strumenti finanziari, alla farmaceutica, all'immigrazione, la sanità, i diritti civili, le guerre, i commerci, la infrastrutture, l'istruzione ecc. Ecco che a sto Ed si accende la lampadina, e dice: *"Questi decisori devono avere dei tecnici a disposizione che dall'Hotel al parlamento, letteralmente nella durata del viaggio in auto blu, gli spiattelleranno dei rapporti BREVI, SEMPLICI DA LEGGERE, sul tema in votazione in quella giornata, così questi si presentano in aula e fanno la bella figura"*. Alè.

Ed Feulner fonda una Think Tank che diverrà un vero colosso

mondiale, La Heritage Foundation, proprio per fare questo, cioè per creare i lobbisti al servizio dei parlamentari. Naturalmente quei rapporti usa e getta erano poi scritti con tutti gli interessi delle elite dentro, ovvvvvioooooooo! Il successo di quest'idea fu mondiale. Organizzazioni come la sua nacquero come funghi ovunque. Per sottolineare quanto appena detto bastano alcuni dati: Washington è infestata di lobbisti, dai 16 ai 40 mila all'anno a seconda delle sedute del Congresso, con un budget di circa 3 o 4 miliardi di dollari annui. Nella UE, e specificamente nel suo centro di potere di Bruxelles, all'incirca 15-20 mila di questi uomini e donne vagano per i corridoi della Commissione Europea con 1 miliardo di euro da spendere. Negli Stati Uniti alcuni nomi: American Banking Association, Housing Finance Alliance o la Private Investor Coalition e la US Chamber of Commerce. Tutta Wall Street da cima a fondo fa lobbying furiosamente. In Europa invece le lobby si sono organizzate in gruppi registrati, e quelli di gran lunga più potenti sono le lobby finanziarie e di business. Nomi come il Trans Atlantic Business Dialogue, la European Roundtable of Industrialists, il Liberalization of Trade in Services, la European Banking Federation, la European Employers Association, oppure Business Europe e il Group of 30 sono ascoltatissimi a Bruxelles. Anzi, comandano, fidati Lollo. In Italia i nomi più noti sono: La Reti, poi Cattaneo Zanetto & co., VM Relazioni Istituzionali, Burson-Marsteller, Beretta-Di Lorenzo & partners.

Ok, stop. Come hai capito questa epoca che ci porta agli anni '80 fu segnata dal trionfo di questa pianificazione ferratissima, ferocissima, finanziatissima, efficientissima, da parte delle elite Neoclassiche e Neoliberiste, che cambiò tutto il nostro mondo... in peggio, mentre noi 'belle anime' facevamo le feste di piazza colorate, i sit-in, e i concerti per un mondo migliore, ma studiare come loro... nooooooo. La catastrofe dell'Eurozona di oggi non sarebbe stata possibile senza quella pianificazione.

(Lollo è già a metà della bottiglia di varechina, ma lui è uno tosto, se la caverà...).

I Monetaristi e gli 'Austriaci'

Lollo, ho visto che nel bagno del bar usi l'Amuchina, e fai bene. Pensando ai batteri, ti informo che ci fu un'epoca molti milioni di anni fa in cui l'intero pianeta Terra fu avvolto da una specie di brodo biologico dove proliferarono trilioni di trilioni di batteri, al punto da soffocare qualsiasi altra forma vivente. La Terra era un unico brodo batterico da cima a fondo. Bè, più o meno la stessa cosa avvenne all'economia sulla Terra dal 1980 circa in poi. A quel punto Marx era solo una macchietta ricordata da 4 intellettuali che si rifiutavano di morire, Keynes pure, e così altri grandi nomi dell'economia che sosteneva il primato dell'interesse sociale, come Joan Robinson, Abba Lerner, Piero Sraffa, Dugger o Garagnani. Le nuove star del firmamento economico a senso unico, cioè quel brodo batterico che avrebbe presto dominato tutto il mondo, stavano nascendo.

Vediamole. Primo fra tutti un tal Milton Friedman, americano, fondatore della Scuola di Chicago, che oggi significa Neoliberismo puro, quel Neoliberismo accanito e impenitente nonostante abbia portato devastazioni addirittura grottesche in ogni singolo Paese che ha toccato, inclusa la nostra Eurozona. Poi Karl Brunner, e poi Gerard Debreu, Kenneth Arrow, Frank Hahn (i Neoclassici), poi

Alan Greenspan, con Mankiw, Rogoff, e infine gli esponenti della scuola austriaca come Friedrich Hayek e Ludwig von Mises, cioè Neoliberisti e Neoclassici di partenza, ma mooooolto mooooolto più estremisti. Ho già detto che tutti questi, rappresentanti delle relative scuole di economia pro-elite al 350%, avevano, grazie al lavoro delle Think Tanks e dei relativi finanziamenti, infiltrato praticamente tutte le università che contano al mondo, tutti i Ministeri che contano, tutte le Banche Centrali che contano. Insomma, avevano già vinto 30 anni fa, praticamente. Immagina oggi.

Ma nel 1958, in una capanna al freddo, nasceva il vendicatore dell'umanità, colui che vi salverà tutti… My name is Barnard, Paolo Barnard!……………. Ehhh nnnnooooo Lollo, idiota!!!!! Questa l'hai mollata che puzza da vomitare!... ma che cazzz mangi uomo? Daiiiiiiiiiii….. che schifo!

Ok, torno serio. Tu ricordi che una delle caratteristiche dei Neoclassici e dei Neoliberisti fu di convincere quasi tutti che lo Stato è ingombrante, che mette le mani dappertutto e che rovina tutto come un pachiderma in una cristalleria; che se l'economia fosse stata lasciata al Libero Mercato, cioè quel mercato che secondo i Neoclassici si regola da solo per il bene di tutti, ogni cosa sarebbe andata a posto. Nota che, come già spiegato prima, questi ultimi passarono quasi cent'anni a sputacchiare formule matematiche astruse per provare che avevano ragione, ma senza successo. Poi alla fine, in accordo col famoso detto di un fisico americano secondo cui "se prendi i dati e li torturi abbastanza, alla fine confessano", proclamarono di aver avuto ragione. Ma la cosa straordinaria dei Neoclassici è che non contemplavano mai nelle loro formule che vi fosse il denaro! Ma veramente, il denaro non esisteva per loro. Tutto funzionava a domande e offerte di prodotti e servizi che si bilanciavano. Basta.

Ma si arrivò in un'epoca, anni '70-'80, dove negare il denaro era diventato ridicolo. Ecco che allora arrivano i **Monetaristi**.

E chi sono? Bè, sono cugini dei Neoclassici, sono fratelli dei Neoliberisti, ma si occupano del denaro, eccome. Numero uno: il già citato Milton Friedman. Una carogna di uomo come pochi al mondo, pensa Lollo che fu amico intimo di due Vampiri assassini come Margaret Thatcher (quella che distrusse le vite di metà degli inglesi e che armava Pol Pot in Cambogia, quella che definì Nelson Mandela un terrorista- sic!) e di Augusto Pinochet (quello che in Cile si divertiva a fare i campi di concentramento dove si torturavano i bambini di 11 anni davanti ai loro genitori, colpevoli di chiedere democrazia). Friedman (scusa Lollo, pausa vomito), fu il padre del monetarismo moderno. Lui accettò che il denaro emesso dallo Stato in effetti contava, ma si accorse che poteva essere speso bene per l'interesse pubblico, come aveva detto Keynes. Non sia mai! Vade retro Satana. E dunque Friedman s'inventò un paio di cosette che ancora oggi dominano le nostre vite, ovviamente in peggio. Eccole:

- Ok, il denaro c'è. Troppo poco denaro in circolo causa depressione economica, ma troppo causa inflazione. L'inflazione è il male di tutti i mali esistenti nell'universo, per cui va combattuta controllando l'emissione di denaro da parte dei governi.

- Ogni Paese ha la disoccupazione, ma se i relativi governi usano l'emissione di moneta per ridurre la disoccupazione sotto un "livello naturale", allora si avrà l'esplosione dell'inflazione a livelli galattici, fuori controllo.

- Ovviamente tutto ciò che è regolamentazione statale è inefficiente, fallimentare e va abolita. Il Libero Mercato è una creatura meravigliosa, cui va data briglia sciolta dal Canada al Burkina Faso, dalla Lituania alla Korea, dagli USA alle isole Pago Pago.

Ok, due parole su ciascun punto. Che l'inflazione sia il male di tutti i mali se l'era inventato lui. Intanto sappi Lollo che nel 1980, proprio mentre Friedman spadroneggiava, l'Italia aveva il… 21% di inflazione! (oggi il 4%), ma aveva anche **il più ricco risparmio delle famiglie del mondo! (25%)**, più del Giappone. Oggi col 4% d'inflazione siamo ridotti ai Maiali-PIIGS d'Europa. Poi fu un banchiere centrale americano della presidenza Carter a dare retta a Friedman, un tal Volcker, che pur di combattere l'inflazione USA portò i tassi d'interesse sul denaro al… al….?? al 21% Lollo! Praticamente il denaro in America costava così tanto che conveniva pagare in denti d'oro… Risultato? L'economia collassò, per questo Carter fu spazzato via da Reagan, ma Friedman rimase un eroe. Certo, come Prodi qui da noi: ci ha dato l'Eurozona, siamo tutti alla canna del gas, ma lo vogliono fare presidente della Repubblica. Ok…

Friedman parlò di un *"livello naturale di disoccupazione"*. Fermo: hai idea di cosa significhi non poter lavorare? In USA significa essere messi peggio dei sudanesi, perché là se non lavori praticamente non hai neppure diritto a un cerotto al pronto soccorso. Ma anche qui da noi, significa devastazione familiare, costi sociali tremendi e sprecati, suicidi ecc. Ma per sto bastardo di Friedman un po' di sto orrore era giusto, non doveva essere curato. È come se un famoso sociologo avesse detto che ci deve essere un *"livello naturale di stupri"*… Yes! Perché no? Fra l'altro la storia recente ha dimostrato che con la piena occupazione (quasi) l'inflazione può rimanere bassissima, vedi gli USA della fine degli anni '90, quando praticamente i disoccupati erano a zero e l'inflazione pure.

La favoletta secondo cui tutto ciò che è Stato e regolamentazione pubblica vada abolita nel nome del Libero Mercato è forse la peggiore. Sai che significa? Questo: far fare ai Vampiri di Wall Street e delle multinazionali quel cavolo che gli pare, tanto la gente è massa informe e possono crepare. Poi però quando sono le elite dei Vampiri a finire nella cacca fin sopra i capelli… HAAA! Allora quelli come Friedman scoprono che dopo tutto lo Stato ci deve essere, certo! a salvargli il deretano. Ma se lo Stato fa la stessa cosa con una comunità di lavoratori sardi… HAAA! No! Quello è ingombro statale, vecchio, parassitario statalismo! ecc. L'intellettuale dissidente americano Noam Chomsky ha chiamato questa mentalità così: "*Socialismo al limone, cioè Capitalismo per i poveri e Socialismo per i ricchi*". Altro non aggiungo.

Poi, mentre sto signor Friedman furoreggiava al punto da beccarsi un Nobel (vabbè, l'hanno dato a Kissinger che ha più morti sulla coscienza di Adolf Eichmann), e mentre i Neoliberisti crescevano come funghi, nella stanza di fianco lavoravano gli economisti della scuola Austriaca, come Friedrich Hayek e Ludwig von Mises. Guarda Lollo, questi sono talmente disgustosi da essere quasi simpatici. Perché erano dei maniaci da legare, veramente, studiosi che avanzavano con idee talmente grottesche e antisociali da sembrare una farsa dei Monty Python. Ora ti dico due cose sull'idea che aveva per esempio Hayek di giustizia sociale:

"*una formula vuota… strettamente e interamente vuota e senza significato… una superstizione… un incubo che oggi rende bei sentimenti come strumenti per la distruzione di tutti i valori della civiltà libera… un'insinuazione disonesta di cui gli intellettuali onesti dovrebbero vergognarsi…*".

Fra l'altro Hayek arrivò anche a dire che un'Unione Monetaria Europea come quella che abbiamo oggi, cioè sta tragedia senza fine per famiglie e aziende, era sbagliata, ma non perché avrebbe distrutto le sovranità degli Stati, al contrario, perché avrebbe **lasciato troppa sovranità agli Stati**, mentre nel suo sogno doveva esistere solo un ordine gestito dal puro mercato delle banche in competizione fra loro.

Gli economisti 'Austriaci' ebbero però almeno il merito di criticare i Neoclassici nella loro assurda pretesa di sostenere che il Libero Mercato si equilibra sempre da solo. Hayek e Mises dissero no, in effetti ci saranno sempre sbilanciamenti, ma in ogni caso se si deve scegliere fra crisi economiche da disequlibrio e la perdita delle libertà individuali dovute alle regolamentazioni governative, sono meglio le prime. Per gli 'Austriaci', Lollo, ogni persona è praticamente il proprio Stato, ma così dicendo hanno poi creato le aberrazioni estreme degli USA, dove veramente esistono comunità che non riconoscono neppure di essere americani, tanto odiano l'idea dello Stato federale.

Ultima cosa su sti 'cranks', ovvero fuori di testa come si dice in inglese: vogliono a tutti i costi che i governi tornino allo standard aureo. Ricordi Lollo? Era quella regola morta nel 1971 per cui ogni singola moneta emessa da un governo doveva sempre essere garantita da altrettanto oro che quel governo doveva procurarsi. Cioè: come rendere la spesa di Stato una specie di gimcana angosciante. Loro dicono che questo servirebbe a contenere i deficit statali, ma come sempre non capiscono che i deficit statali sono precisamente la ricchezza dei cittadini e delle aziende di quella nazione. Ignoranti? Bè, sì, anche, ma di peggio.

Infatti pensa un attimo a cosa hanno in comune sia i Neoclassici, che i Neoliberisti, che i Monetaristi, che gli 'Austriaci'. Bè, ovvio: tutti e quattro in qualche modo vogliono legare le mani dello Stato dietro la schiena in tutto, ma in particolare quando si tratta di… spendere. E, ripeto, questo è mooooooolto sospetto Lollone, perché se è vero, ed È VERO, che la spesa dello Stato a deficit è la ricchezza dei cittadini e delle aziende, allora si capisce il disegno pro-elite di tutti sti trionfatori dell'economia moderna: fottere l'Interesse Pubblico, a favore delle speculazioni delle banche e delle loro elite. Alè.

(Lollo si china verso di me e mi dice: *"Sai chi sono i veri monetaristi? Noi che facciamo 230 caffè al giorno e diventiamo scemi con ste monetine per il resto…"*. Ok, domani lo uccido. PB).

Keynesiani e Modern Money Theory

Vedi Lollo, dopo che dalla storia dell'economia moderna furono fatti fuori Marx, Keynes, Sraffa, Robertson, Lerner, Minsky e pochi altri, a causa della vittoria schiacciante (e oliata da miliardi) dei Neoclassici e dei Neoliberisti, c'è veramente poco da raccontare. Ascolta, non esagero. È come dire: immagina cosa c'è da raccontare al mondo sulla storia degli hamburger dopo il trionfo di McDonald e la morte di tutti i grill migliori d'America, a causa dello strapotere di questa multinazionale di burger fetenti. È la stessa cosa per quello che stiamo discutendo.

Il problema per me adesso è che poterei anche spiegarti l'economia alternativa degli anni '80, '90 e 2000, ma a che pro? Furono voci isolate, ignorate, che gli studenti delle università, che i tecnocrati che contano al potere e che i politici non hanno mai sentito. Cosa vuoi che conti se ti parlo di Roncaglia, Dutt, Kregel, Lee, Dilard, Caffè, Meek, Parguez, Mosler?

Lollo, ok, potrei parlarti di Minsky, che fra l'altro insegnò anche a Bergamo, e che nella sua Teoria dell'Instabilità Finanziaria predisse negli anni '80 quello che sarebbe avvenuto oggi, cioè la crisi del 2008. Minsky comprese che le banche, cioè quegli istituti che oltre allo Stato possono emettere moneta (ma NON sovrana), erano 'pro-ciclici'. Cosa vuole dire? Vuol dire che le banche seguono il ciclo economico, e questo vuol dire che se l'economia va bene esse sborsano mutui alla gente e prestiti alle aziende, quindi aiutano tutti a crescere, ma appena l'economia va male, le banche chiudono i rubinetti, se ne fottono di te. Sono infatti pro-cicliche, seguono il ciclo. Grazie al cavolo, sono capaci tutti di fare così. È come se i treni circolassero solo quando c'è bel tempo, ma col maltempo si fermassero. Tuttavia Minsky ebbe valore perché si concentrò sulla parte ottimista dell'attività delle banche, cioè quella pro-ciclica, e capì che era pericolosa, anzi, pericolosissima. Perché quando l'economia va bene, le aziende e gli investitori tendono a impazzire, cioè si convincono che se riescono a trovare abbastanza soldi (dalle banche e a DEBITO), faranno affari d'oro. Quindi tutti si buttano a chieder soldi alle banche e a scommettere sullo sviluppo economico futuro (leverage). Per un po', disse Minsky, l'euforia funziona, e tutti fanno soldi. Si tratta, spiegò Minsky, delle classiche bolle economiche (immobiliari, tecnologiche, speculative, ecc.). Ma poi appena qualcosa va storto, tutto crolla con un crash epocale e la gente (non i managers) rimane fottuta. A milioni. Infatti, vedi la bolla dei mutui americani, che ha causato il collasso della finanza in tutto il mondo, aiutata da quella spagnola, da quelle irlandese e islandese, più o meno identiche.

Ma chi l'ascoltò Minsky? Era un genio. Nessuno l'ascoltò, perché l'economia Neoclassica aveva vinto a tutto campo, cioè nelle università, nei media, in Tv, ecc., grazie ai soliti finanziamenti di cui ti ho detto in precedenza. Pensa Lollo, oggi abbiamo un catarro economico Neoclassico come Boldrin, o come Giavazzi, che svettano nei media italiani, e non Minsky, non Lerner, non Keynes. È come avere Jovannotti o Ramazzotti in cima al pop mondiale, e non John Lennon, non Eric Clapton, non i Pink Floyd, non gli U2, non i Clash. Stessa cosa.

E allora cosa accadde alla storia dell'economia dal 1980 in poi? Bè… nulla sostanzialmente. Ok, vogliamo essere completi, giusto perché qualcuno non ci accusi di essere parziali. Di fatto ciò che accadde è che in economia s'impose una sola minestra, quella Neoclassica, che insegnava che il debito pubblico è il demonio, che il deficit è il cugino del demonio, che le Austerità dei conti dello Stato sono l'acqua santa (anche se ammazzano cittadini e aziende), che privatizzare nelle tasche di speculatori privati (e per 2 soldi) ciò che tuo nonno aveva costruito con una vita di lavoro dedicato agli italiani è un bene!, che lo Stato se usa la sua moneta per arricchire i cittadini e le aziende è un Maiale (PIIGS), ecc. ecc. E che se l'Europa si unisce in una moneta unica, allora tutti saremo più benestanti e sicuri. Ai due estremi dei Neoclassici, s'imposero scuole d'economia più o meno allineate, anche se fintamente dissidenti. Alla destra la scuola Austriaca di cui ti ho già parlato l'altra volta, alla sinistra quella dei:

Keynesiani Bastardi: attento, l'aggettivo bastardi non è un insulto da bar, si chiamano proprio così in economia. Sono quegli economisti moderni che, come dire, hanno sentito il fascino di Keynes, ma non hanno retto il peso di condividerlo appieno. Fra di loro ci sono stati dei Premi Nobel, come Paul Samuelson e James Tobin, cioè gente che non ha saputo né voluto differenziarsi troppo dal carro dei vincitori Neoclassici, se no mica lo beccavano il Nobel. Infatti i Keynesiani Bastardi sono tipici: iniziano da Keynes, cioè dicono che aveva ragione, ma… "nel breve termine", mentre nel lungo termine è meglio la teoria Neoclassica. E però il lungo termine, dicono, è troppo lungo. Insomma, un bel pasticcio. E infatti quando si parla di spesa del governo alla Keynes, loro l'ammettono solo in caso di crisi economica, ma poi basta, mentre Keynes la voleva su base permanente. Poi se si discute di salari, i Keynesiani Bastardi invece concordano coi Neoclassici, e dicono che se si abbassano i salari ci sarà più occupazione e che se si cala troppo la disoccupazione ci sarà più inflazione. Tutte storie che Keynes aveva già dimostrato come falsità inventate dai Neoclassici.

Ma una cosa è importante da notare qui. Come sai Lollo… Lollo tu lo sai vero?, t'interrogo?… ok, ok, buono.. buonoooo! con quelle manone, che mmmmale! Scemo… Vabbè, dicevo, come sostiene la scuola economica che io rappresento in Italia, la **Mosler Economics MMT**, il governo con propria moneta sovrana (quindi non l'euro) può praticamente spendere a deficit per aziende e cittadini quanto vuole, senza grandi danni. Ovviamente tutti i Neoclassici vincenti quando sentono questo hanno travasi di bile. Ma Samuelson, Premio Nobel, una volta dichiaro letteralmente che la **proibizione** di spendere a deficit era in realtà una "superstizione, era come una vecchia religione superstiziosa, quindi priva di senso, ma però necessaria a costringere i cittadini e i governi a comportarsi bene". Cosa significa? Significa che lui sapeva bene che la spesa a deficit del governo sovrano non potrà MAI essere un problema di debito per quel governo, ma ammise che lo 'spauracchio' del deficit era necessario a intimidire la gente e i politici affinché si 'comportassero bene'. Bene significava per Samuelson evitare l'inflazione, che come ho spiegato altre volte è solo un 'fantasma', non un vero pericolo.

Ora, qui attento Lollo. Lo ripeto, e lo ri-ripeto, e non sarà mai ripetuto abbastanza. Guarda che se i Neoclassici e i Neoliberisti hanno praticamente sbaragliato tutta l'economia mondiale con le loro ricette micidiali per la gente, e vantaggiose solo per le elite, è grazie al fatto che essi, più i politici che si sono comprati, e le università che hanno infiltrato e i giornalisti servi, hanno terrorizzato tutti con dei FANTASMI. **Il fantasma del debito pubblico** (che oddio! è il debito dei cittadini! FALSO); **il fantasma del deficit** (idem); **il fantasma dell'inflazione** (che è l'AIDS degli stipendi! FALSO); **il fantasma del governo troppo impiccione** (che rovina il Santo Libero Mercato che arricchisce anche nonno Peppino ex ferroviere! FALSO). Questi fantasmi si sono conficcati nel cervello di tutti noi, al punto che proprio ci viene automatico rigettare l'economia di salvezza keynesiana perché la prima cosa che ci salta in mente è….. ODDIO! Ma il debito? Ma l'inflazione? Ma lo Stato è spendaccione? Falso, falso, falso. L'Italia del super-debito pubblico anni '90 era un Paese "leader dell'Unione Europea", lo scrissero le agenzie di rating, quelle che oggi ci danno dei Maiali. L'Italia dell'inflazione altissima anni '80 era la prima nazione al mondo per risparmio delle famiglie, meglio del Giappone! L'Italia della Lira non fu mai, mai e poi mai più spendacciona di Francia o Belgio, nemmeno della media europea.

Balle, bugie, fantasmi, terrori di borotalco, trapanati nel cervello di tutti dai media, sotto ordine dei poteri Neoclassici, per l'esclusivo vantaggio delle elite. Guarda Lollo, lo devo dire: i giornalisti sono delle merde, sono la razza peggiore del mondo, sono complici di crimini sociali, perché appunto ste bugie mortali le hanno sempre propagate senza mai studiare un minuto…. Lollo, Lollooooooo…. Che fai? Nooooo…. NON IO Lollooooooooooooooo, cos'hai capito???????? Ahi! Ahi! Ahahahahahaahahah! Non hai capito un cazzzzz…… ahahahahahahahahahahhah che mmmmmmmmmaleeeeeee!

(Barnard 70 chili corre più veloce di Lollo 120 chili, per fortuna).

Finale

Questa è l'ultima puntata Lollo, ed è triste, perché... Mi ascolti? Cosa fai con quella bottiglia di Dom Perignon in mano? Ok, guarda, lasciamo perdere, la fine la racconto a Tony, basta. Passaci due Campari.

Ok Tony... Tony? Ma dove vai?

Cari lettori, mi rivolgo a voi, ammesso che ci siate. Il finale è in effetti tristissimo. Avete capito che dall'inizio degli anni '90 in poi la storia dell'economia fu scritta sostanzialmente da una sola penna, quella Neoclassica, e la carta assorbente per siglare il tutto fu da allora solo Neoliberista. Certo, alcuni campi opposti in economia rimanevano, ma erano sostanzialmente fasulli nella loro opposizione. Possiamo menzionare la scuola americana dei Supply Siders, cioè il parto di Ronald Reagan. Non erano neppure economisti a dir la verità, ma politicanti, e spopolarono. Gente come Wanniski e Gilder, la cui idea di fondo riprendeva i Neoclassici antichi e li estremizzava: cioè, per loro bastava produrre e magicamente la domanda si sarebbe creata; mica mai pensare a pensioni, stipendi, scuole, servizi, macché. Per loro bastava poi tagliare le tasse (soprattutto dei ricchi) e tutti i parametri dell'economia, come il deficit o i tassi d'interesse, si sarebbero aggiustati. Reagan lo fece (solo per i ricchi), poi però spese talmente tanto nell'apparato militare che i deficit americani andarono alle stelle.

Posso menzionare i *New Keynesians*, una sorta di Bastard Keynesians, cioè quelli che fingevano di apprezzare Keynes ma poi pescavano appieno in molti pilastri dei Neoclassici. Ad esempio: Mankiw e Stiglitz. Due nomi ancora oggi enormi, due tizi che fanno il gioco del 'poliziotto cattivo, poliziotto buono'. Entrambi partono dal presupposto che lo Stato deve aiutare la famosa domanda, ma, sostengono, Keynes non la disse giusta. Ed è a questo punto che vanno a braccetto coi Neoclassici, infatti credono che se il Libero Mercato funzionasse bene, allora ci sarebbe la piena occupazione e non vi sarebbe alcun bisogno dell'intervento statale. Ma siccome il Libero Mercato, poverino, qualche volta s'inceppa… allora ecco che il poliziotto cattivo, Mankiw, dice che la disoccupazione è dovuta agli stipendi troppo alti, che i sindacati sono troppo impiccioni, e che in questo modo il capitale non può svolgere il suo ruolo benefico, per cui lo Stato deve sì intervenire, ma… togliendosi dalle balle. Mentre il poliziotto buono, Stiglitz, dice quando il Libero Mercato s'inciampa, è lo Stato che deve intervenire a riportarlo in salute spendendo di più, ma non in modo strutturale e permanente, come voleva Keynes.

Poi vi cito i *New Classicals*. Sono quelli come Lucas, Sargent, Wallace, i quali non solo sono Neoclassici, ma sono anche monetaristi come l'infame Friedman (puntate precedenti). Sostengono che le Banche Centrali sono pericolose perché quando emettono moneta in maggiori quantità, esse 'sorprendono' il pubblico, lo spiazzano, e questo fa perdere di vista alla gente il fatto che tutto quel denaro creerà inflazione, danneggiandoli. Friedman invece diceva che la stessa azione della Banche Centrali 'ingannava' il pubblico, con lo stesso risultato. Ma uno come Lucas, appunto, dice no, perché il pubblico non lo puoi ingannare, dal momento in cui è chiaro che la gente è razionale, per cui ha "aspettative razionali" (Rational Expectation Theory). L'unica spiegazione quindi, dice Lucas, è che essi vengano spiazzati. E qui Lucas diventa addirittura ridicolo, perché sentite che razza di cretinata spara, e pensate che per sta cretinata ha vinto il Nobel, davvero: siccome il pubblico ha "aspettative razionali", allora se ce n'è una parte disoccupata vuol dire che lo vuole essere! E allora, se è una scelta, vuol dire che la disoccupazione non esiste e siamo sempre a regime di piena occupazione! Alè! No, sul serio, infatti i New Classicals sostengono che le file dei disoccupati della Grande Depressione americana del 1929 erano tutte persone che stavano lì per… scelta!! E vvai.

Ora, inutile continuare, inutile anche menzionare nomi di economisti di… 'sinistra', cioè neo marxiani, o post keynesiani, o neo ricardiani e compagnia cantante. Primo perché sono talmente ormai schiacciati, isolati e senza fondi da essere irrilevanti, e secondo perché a mio parere si sono resi irrilevanti da soli. È gente che non ha mai avuto il coraggio in questi anni tragici di rapina sociale, di spoliazione dei beni pubblici, di golpe finanziari uno in fila all'altro, di levare una voce coraggiosa a costo di sacrificio personale. Soprattutto non hanno mai capito che per salvare la vita delle persone dovevano uscire dalle loro torri d'avorio e spiegare l'economia (che è tutto) a quelle persone in termini semplici. Questo avrebbe permesso al pubblico di capire cosa gli stavano facendo, e forse di opporsi. Macché, tutti sti post-qualcosa di sinistra sono rimasti a fare i loro dibattiti con gli amichetti di partiti, con amici, con intellettualoidi ecc., col Manifesto sotto braccio, la Repubblica, e lo spritz in piazzetta.

Ma guardate che il peggio dell'economia a senso unico di cui parlavo all'inizio, noi ancora non l'abbiamo subita, anche se siamo sul punto di. Il grande esperimento delle 'riforme', del 'rigore', delle 'Austerità', fu inflitto come 'laboratorio', a partire dal crollo del muro di Berlino, a tutto l'est europeo. Quando l'impero sovietico crollò nell'arco di pochi mesi, le porte dell'est europeo si spalancarono ai falchi del Libero Mercato e dietro di esse c'erano masse di miserabili sbandati disposti a lavorare per pochi centesimi, assieme a intere economie da spolpare. Le elite d'Europa e degli USA non avevano mai sognato nulla del genere. È ovvio che non sto dicendo che le dittature comuniste erano in alcun modo raccomandabili, ma lo sfruttamento di quelle genti che seguì il loro crollo è stato moralmente rivoltante. Qui di seguito alcuni dati scientifici, ma poi anche un dato aneddotico che, a mio parere, vale più di qualsiasi librone.

Si consideri solo (per motivi di spazio) la disintegrazione della Yugoslavia e i massacri che ne sono seguiti. È uno dei capitoli più disgustosi del *piano* che si ricordi. Non ci dimentichiamo che fu la Germania, che è il potere Neomercantile numero uno del mondo sempre alla ricerca di lavoro sottopagato per il suo colossale settore export, a riconoscere prematuramente l'indipendenza della Slovenia. Questo precipitò il conflitto. Milosevic era senza dubbio un uomo pericoloso e senza scrupoli, ma fu incastrato dalla NATO che aveva deciso la colonizzazione della forza lavoro jugoslava. Fonti governative britanniche hanno rivelato che gli accordi di pace di Rambouillet furono truccati di proposito proprio per causare il rifiuto di Milosevic e giustificare l'intervento esterno. Negli accordi fu inserito all'ultimo minuto un Annex B che pretendeva che la NATO potesse occupare tutto il territorio jugoslavo come precondizione alle trattative. Una pretesa assurda che nessun leader nazionale avrebbe mai accettato, come ammise in testimonianza l'allora ministro inglese per gli armamenti Lord John Gilbert: "*Se chiedete la mia opinione, penso che i termini posti a Milosevic a Rambouillet erano assolutamente intollerabili; come poteva accettarli? E l'hanno fatto di proposito*". Negli stessi accordi, all'art. 1&2 del capitolo 4, c'è una menzione specifica del Kosovo, ricco di minerali, che doveva diventare "*una economia di Libero Mercato (...) dove tutti i beni statali dovranno essere privatizzati*". A non fu la NATO che nel 1999 portò l'attacco al Kosovo con il pretesto di salvare i poveri albanesi dai serbi? Certo, ma allora perché secondo dati ufficiali i bombardieri della NATO colpirono solo 14 carri armati serbi ma un gran totale di 372 industrie di Stato kosovare? Perché il più potente blitz delle forze di terra NATO in Kosovo impiegò 2.900 soldati per assaltare il complesso minerario di Trepca il cui valore di mercato era di 5 miliardi di dollari? Gli albanesi non videro mai nulla del genere difenderli dai miliziani serbi. A Trepca tutto il management statale e i lavoratori furono espulsi, e da lì a poco uno dei primi decreti della nuova amministrazione ONU in Kosovo (UNMIK) abolì la legge sulle privatizzazioni del 1997 per permettere la proprietà straniera di qualsiasi bene kosovaro fino al 70% del valore.

La scandalosa storia della colonizzazione Neoliberista di quei Paesi con dosi massicce di *"Shock Therapy"* in economia (si veda i piani di Jeffrey Sachs per la Polonia e i programmi di aggiustamento strutturale del FMI in tutto l'est Europa) è stata raccontata da molti economisti autorevoli come il Nobel Joseph Stiglitz, e persino da ricerche scientifiche come quella pubblicata sul Lancet, che hanno analizzato il disastro umanitario causato dal Neoliberismo in versione post sovietica con drammatici dettagli, come ad esempio gli oltre 3 milioni di morti in Russia causati dalla cancellazione della sanità pubblica garantita e dall'aumento vertiginoso della disoccupazione. Si trattava naturalmente solo di accaparrarsi i beni pubblici di quei Paesi e di trovare masse di lavoratori da sottopagare, come ha scritto l'economista Michael Hudson: *"Queste politiche distruttive sono state testate soprattutto nei Paesi baltici, vere e proprie cavie per vedere fino a che punto i lavoratori potevano essere schiacciati prima che si ribellassero. La Lettonia applicò liberamente le politiche Neoliberiste con tasse fisse sul lavoro al 51%, mentre l'immobiliare rimaneva intoccato. Gli stipendi pubblici furono ridotti del 30% causando massiccia emigrazione (…) La vita media maschile si è accorciata, le malattie sono in crescita, e il mercato interno è avvizzito…".*

Ma ora il dato aneddotico sulla devastazione dell'esperimento delle 'riforme', del 'rigore', delle 'Austerità' nell'est europeo. Domanda: esiste in qualsiasi parte del mondo una migrazione di masse di giovani madri svizzere che abbandonano mariti e i proprio bambini (!!) per fare le badanti a paghe miserabili in USA, Italia, Francia o Danimarca? No, ma ci sono centinaia di migliaia o forse milioni di slave e russe che lo fanno, per non parlare delle prostitute provenienti da quelle terre. Ma perché? Il Libero Mercato del signor economista Neoliberista Jeffrey Sachs e del FMI non doveva portare la prosperità in Ukraina? in Moldavia? in Polonia? in Russia? No comment. O forse ci vorrebbe una corda saponata e una piazza furente per il signor Jeffrey Sachs, perché, signor Sachs, le sue idee ribollite in uno studio di Manhattan con Krug champagne, tartine e ostriche per l'esclusivo profitto delle elite, hanno massacrato vite umane a milioni. Lo capisce?

Infine arriviamo all'Eurozona. E su questo, cari lettori, io vi ho già scritto tutto, sia in forma scientifica (*Il Più Grande Crimine 2011*) sia in forma divulgativa (*Nonna ti Spiego la Crisi Economica*). Qui di corde saponate ce ne vorrebbero molte.

Tuttavia, visto che abbiamo citato la peste Neoclassica e Neoliberista che si è abbattuta sull'est europeo, posso aggiungere che la catastrofe, l'inganno, la dittatura dell'Eurozona è precisamente la versione modellata su Francoforte, su Lione, su Barcellona, su Salonicco o su Velletri di quella peste. Sta arrivando, è arrivata, è fra noi. Aprite i giornali, o forse meglio la serranda del vostro negozio domani.

Che altro dirvi? Siete depressi? Bé, come darvi torto. Il fatto è che, come dicevo sopra, nessuno, meno che meno sti economisti 'di sinistra', ha pensato di portare queste cose fra voi gente normale, di informarvi, di darvi gli strumenti per capire e per criticare un signor Jeffrey Sachs, un signor Monti, una signora Merkel, **e per combatterli coi vostri mezzi per salvarvi la vita**. C'è voluto un giornalista per farlo, da solo, uno senza reddito e senza dunque mezzi. Ma ecco, sono qui. Eppure una bella notizia c'è.

Questo giornalista un giorno qualsiasi s'imbatté in un signor economista di nome Warren Mosler, americano, uno che usciva proprio dalle stanze dei predatori di Wall Street, uno che aveva fatto molti soldi, che li aveva anche persi, ma uno che aveva due cose degne di grande nota:

A. capiva come nessuno prima, e meglio anche di Marx, Keynes, o di Minsky, come funzionano veramente i sistemi monetari, e poteva quindi 'girarli' a favore del 99% di noi persone, invece che il contrario.

B.   aveva, per motivi di buona coscienza, fondato una scuola d'economia nuova, veramente nuova, perché raccoglie tutto il meglio di Marx, Keynes, o Minsky, ma ci aggiunge il potere appunto dei MODERNI sistemi monetari SOVRANI, quelli dove a governare la moneta è lo Stato democratico a favore del 99%, non la feccia delle elite Neoclassiche e Neoliberiste. Warren Mosler, il padre della **Mosler Economics Modern Money Theory** (MEMMT).

È una notte d'estate, e il giornalista vede la luce. Capisce che davvero la MEMMT può salvare interi Paesi, intere democrazie, e secoli di diritti acquisiti col sangue di milioni. Il giornalista chiama Mosler e i suoi colleghi in Italia e, non si sa come, mette su il più grande convegno di economia della Storia, non scherzo: 2.200 persone paganti in uno stadio di Rimini. Il giornalista assieme a un pugno di ragazzi mette su gruppi regionali che propagano questa salvezza al pubblico. E con tutti questi, in particolare con Mosler e con gli economisti del convegno di Rimini, pubblica il **Programma di Salvezza Economica per il Paese**, che è qui: memmt.info, o qui: paolobarnard.info, gratis.

Bene. Io vi ho raccontato la storia delle menti che hanno plasmato l'economia, e di quelle che, purtroppo, hanno lavorato per deformarla in un'arma di distruzione di massa. Vi ho offerto le armi per tornare a controllarla nel nome dell'**Interesse Pubblico**, perché l'economia è tutto. Senza di essa non si riesce neppure ad avere il diritto di amare. Pensateci. Salviamoci. Grazie di avermi letto.

(Lollo: *"Sciono un po' alticcio... che cosia digieva l'ultima pundada?... Ghi vinge lllla fine?..."* SSSPONFFFF!...... E ora chi lo solleva questo? Mah!)

In edizione eBook MABED - Edizioni Digitali

e-saggi

Il più grande crimine
Paolo Barnard
(anche in versione cartacea)

La storia dell'economia (che ti dà da mangiare) spiegata a Lollo del mio bar
Paolo Barnard

Nonna, ti spiego la crisi ecoonomica
Paolo Barnard
(anche in versione cartacea)

e-saggi fantasy

Westeros. Il Trono di Spade dal romanzo alla realtà
Fabiola Cannata
(anche in versione cartacea)

In edizione eBook MABED - Edizioni Sì

In alto il deficit!
Warren Mosler, Paolo Barnard

Uccidere il dio dell'austerità
Daniele Basciu

L'assurdità dei sacrifici. Elogio della spesa pubblica
John Maynard Keynes

Moneta e Società
Nino Galloni

L'Unione Monetaria Europea: storia segreta di una tragedia
Alain Parguez

1981: il divorzio fra Tesoro e Banca d'Italia
Daniele Della Bona

Napolitano, il Capo della Banda
Ugo M. Tassinari

Tutto quello che occorre sapere prima di vaccinare il proprio bambino
Eugenio Serravalle

Come insegnare le regole ai bambini
Andrea Magnani

Pratica del digiuno breve
Giuseppe Cocca

www.mabed.it

 mabededizionidigitali

 MABED_eBook

www.ingramcontent.com/pod-product-compliance
Lightning Source LLC
LaVergne TN
LVHW091623170726
843492LV00007B/2562